アンニョン
お隣さん
韓国暮らし
27年のつぶやき
안녕오토나리상
木口政樹
花伝社

アンニョン　お隣さん——韓国暮らし27年のつぶやき◆目　次

一　来し方

二　ことばと文化

三　韓国の医学

四　自然と地理

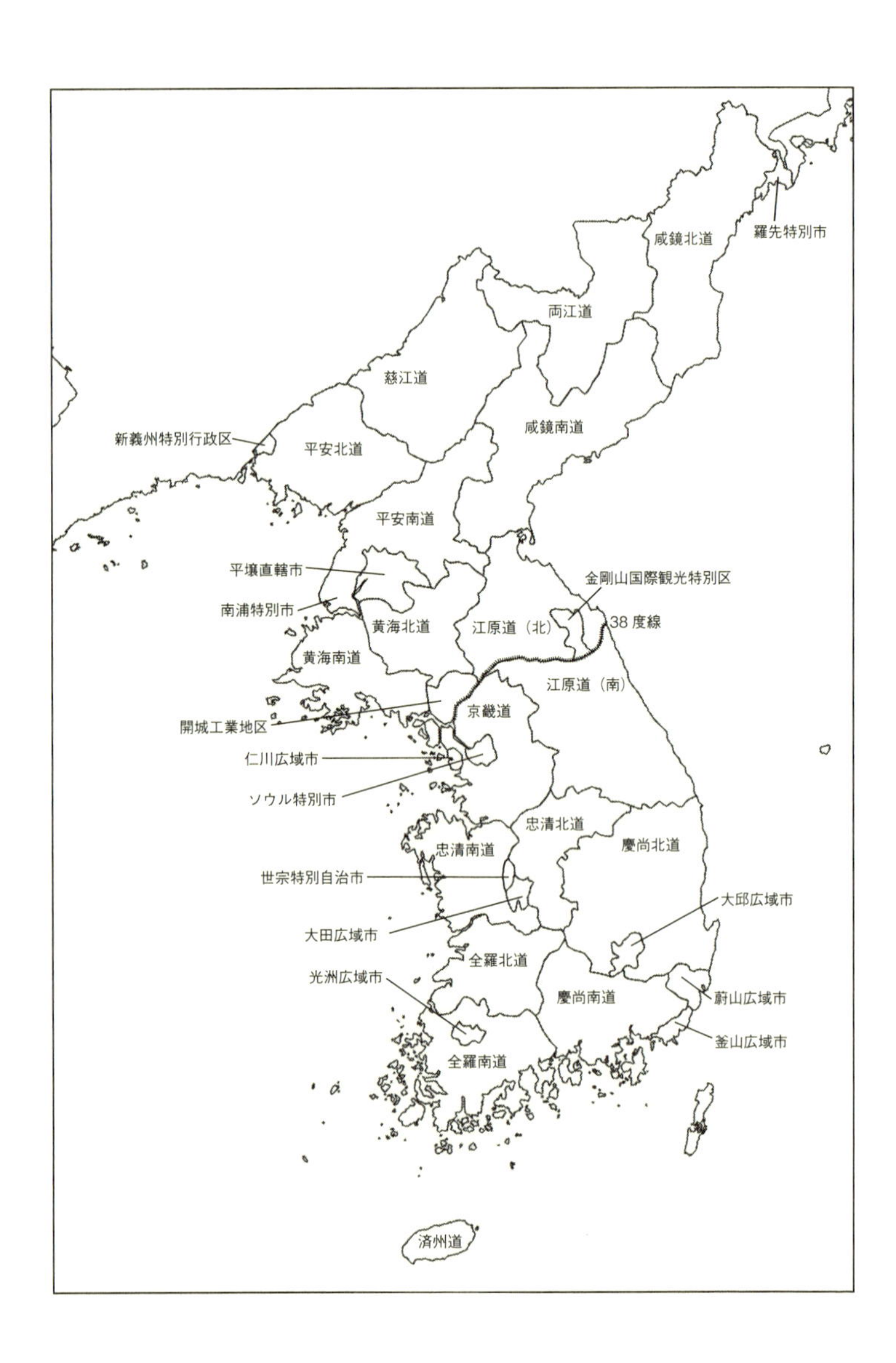
咸鏡北道
羅先特別市
両江道
慈江道
新義州特別行政区
平安北道
咸鏡南道
平安南道
平壌直轄市
金剛山国際観光特別区
南浦特別市
黄海北道
江原道（北）
38度線
黄海南道
江原道（南）
開城工業地区
京畿道
仁川広域市
ソウル特別市
忠清北道
忠清南道
慶尚北道
世宗特別自治市
大邱広域市
大田広域市
全羅北道
光洲広域市
慶尚南道
蔚山広域市
釜山広域市
全羅南道
済州道

はしがき……머리말

お隣の国、韓国。わたしはほとんど何も知らなかった。世界の動きとか社会の成り立ちなどに対してほとんど関心がなく、野辺に咲く花にみとれ、雪解け水であふれる川をながめ、杉の木に登り、ボールを蹴って遊ぶのが好きな少年だった。

そんなわたしが韓国に来て二十七年も住むことになるとは、人生というのはわからないものである。

今回のエッセイ集は、長きにわたる韓国生活のおりおりに見たり聞いたり考えたりしたことを、ちょっとした考察をまじえながら自由奔放に書いたものである。

文化というものは非常に固有のものなので、本来なら各ページに注が二つ、三つくらいはつけないと書けないものだ。たとえば日本の「初詣」というものを考えてみてほしい。これを外国の人に伝えるにはどうするだろうか。必要な単語だけでも、神社、元日、お参り、お祈り、かしわ手、健康、人込みなどなど。神社のない国の人に、神社というものをいかに語ってやるべきだろうか。気が遠くなるのはわたし一人ではないはずだ。

それでも今回、日本の皆さんに韓国の文化や歴史などを知ってもらいたく、筆をとった。注がなくてもわかるようになるべく平易な言い回しをしたつもりである。

おりしも今年二〇一五年は、終戦七十周年かつ日韓修交五十周年にあたる区切りのよい年である。日本と韓国の友好の印として、この本が一人でも多くの方々に読まれ、お隣を考え、アジアを考え、世界を考えるなんらかの起爆剤になってくれることを希う次第だ。

一　来し方

내 력

筆者のおおざっぱな「歩み」のようなものを示しておくのも役に立つだろうと思う。

本文中にもあるけれど、わたしは一九八八年に韓国に渡ってきた。はじめ高麗大学校の語学堂で韓国語を学ぶところからわたしの歩みは出発した。語学堂というのは、大学に付属でくっついている言語を学ぶための機関である。その後、ひょんなきっかけから三星グループの総合研修院というところで日本語講師として働くことになる。このころはソウルのカンナムに住んでいた。三星勤務は一九九〇年十月から一九九八年十月までである。それから四年ほど大学院に通うかたわら、大学の非常勤講師として朝から晩まで講義また講義という毎日を過ごし、二〇〇二年に今わたしが働いている白石大学校の助教授として赴任するために、ソウルから天安(チョナン)というところに引っ越してきた。

天安というところは、ソウルから南にだいたい七十キロほどのところにある町である。もともとは田舎町なのだが、人口増加率はたぶん韓国一のはず。にわかに発展してしまった町といえるだろう。この五十年で六万から六十万人余と約十倍に増えている。今も増えつつある。ソウルに通勤している人も多いと聞く。ソウルのベッドタウンとなっているわけだ。地下鉄一号線がソウル駅からここ天安まで延長されたことが大きいものと思われる。それと合わせてKTXの駅が天安にできたことも大きく関係しているだろう。ここのとあるアパートの十三階にわたしら家族は住んでいる。アパートから歩いて十五分ほどのところにいつも山歩きをする太祖山(テジョサン)という四五〇メートルほどの山があり、車で二十分ほど走ると、田んぼや果樹園などのある田園地帯となる。天安は、果物でも有名な町でもある。

1．いつの間にか日本語教師に

来韓、ほぼ同時に結婚

一九八八年はわたしにとって人生でもっとも大きなエポックの年だった。もともと韓国より中国のほうに関心をいだいていたのだが、あれよあれよという間に今わたしの生活のドメインとなっている韓国の女性と結婚することになり、そのまま二十七年という歳月が過ぎてしまった。

彼女をはじめて見たのは、大学時代の先輩がもってきてくれた一枚の写真だった。わたしが東京の練馬区で塾経営をしていたころだ。塾に遊びに来た先輩がコーヒーを飲みながら「こんな女性がいるけど、どうだい？」と言う。なぜかわからないけど、写真をみるなりわたしは「ああ、この女性と結婚するんだな」と直感したものだった。運命ってあるのかもしれない。

先輩というのは、日本と韓国にアパレルの工場を持ち、月の三分の一は韓国にいるという人で、大学時代の山岳サークルの先輩だった。山男なのでことばは非常に少ない。わたしがじっと見つめていると「韓国の女性だよ」と言う。驚きはしたものの、素っ頓狂な声を出したりはしなかった。写真を見ていると心が不思議と落ち着くのであった。

人生とは何か？　そういうむつかしいことを問うのがこのエッセイの主旨ではないけれど、人生とは何だろうか？　時間そのものだと、確かミヒャエル・エンデが言っていたと思う。時間を離れた人生というものは存在しないのだから言われてしまうとまったくそうだなと納得してしまうのはわたし一人ではないだろう。

ふと思ってみるのだ。わが二十七年の韓国人生は、直径でいうとちょうど二十七センチくらいの球、つまり泥の球に相当するのかもしれないな、と。ぺたぺたしながら二十七センチくらいの泥の球をつくったら、ちょうどそれはわが人生の手ごたえのような気がしないでもないな、と。その大きさといいその重みといい、まちがいなくそれはわたしの人生のような気がする。わたしは泥がすきだし、わが人生というものもまさに泥のようなものなのだ。

「やはり」or「さすが」？

その後一直線にゴールインとなったわけではなかったが、写真を手にしてから一年八か月後にわたしたちは結婚した。いまのことばでいえばアラサー結婚ということになろうか。共同経営の友に塾をまかせ、わたしは韓国に渡って韓国語の勉強をしたあと、くだんの先輩のアパレル会社で働くことになっていた。先輩のヘッドハンティングに軽いノリで応じた格好だった。

結婚当初の慌しさが一段落すると、わたしは韓国語の勉強のためしばし妻と離れソウルで下宿しながら高麗大学校の語学堂（言語を学ぶ付属の施設）に通うことになった。下宿のおばさんはやさしい人で、週に一、二度朝食のおかずで昼食の弁当を作ってくれたりしてくれた。節約にもなるし、黒豆や豆腐といった体にいいおかずが多かったので非常にありがたかった。

日本人が下宿に住み始めたという噂は三日もしないうちに周辺一帯に広まった。ある日高麗大学校から帰ってくると、見たことのない若者が声をかけてきた。

「こんにちは。ぼく、日本語の先生してるんですが、ちょっと質問してもいいですか?」

「えっ? あ、はあ。いいですよ。どうぞ」

「この問題で、ブランクには〝やはり〟が入りますか、〝さすが〟が入りますか?」

日本語は非常に流暢だが、どこか発音・アクセントがわずかながら普通の日本人のそれとはちがっていた。が、日本語の先生というだけあって、質問はむつかしいものだ。問題というのは、「(Ａ)佐藤君だね。こんな難解な問題を解いてしまったのかい?」の(Ａ)の中に「やはり」が入るのか、「さすが」が入るのかというもの。外国人でこれだけのレベルなら「大変よくできました」のハンコの一つも押してあげたいほどだ。

「わたしのこと、どうやって……?」と水を向けてみると、「この下宿にぼくの友人が住んでまして」ということだった。韓国の人は実にストレートだ。小気味よいほどストレートである。日本人がいるということを知るとすぐ来たみたいだ。「ここは、〝さすが〟がいいですね」と教えてあげると「ぼくもそう思ってました。ありがとうございます。カムサハムニダ」というと、かばんに本を入れ、スニーカーをはいて下宿から出て行った。韓国人のストレートさにちょっと驚くとともに、役にたったことのうれしさを少しばかり感じながら下宿一階の食堂の椅子に座ってしばしボーッとしていた。

彼、もっとしゃべりたそうだったな。おれがちょっと疲れたようなそぶりを見せたんで質問一つで帰っていってしまったのかもしれないな。でも、ずうずうしいといえばかなりずうずうしいよな。なんのコネもない人間の前にバッと現れたかと思うと、すかさず質問をしてまたエイトマンのように去ってゆく。おれにはとてもできない芸当だなと当時は思ったものだった。しかしこれしきのことはいとも簡単、軽いノリでできてしまう今の自分がいて、ちょっと怖い。

下宿の食堂の椅子に腰かけて単にぼーっとしていたわけではなかった。「日本語の先生?」。彼は確か日本語の先生をしていると言っていた。どこで? 高校で? 中学で?

いまでこそ日本語は世界のあらゆるところで学ばれるメジャーな言語の一つとして広く認識されているけれど、一九八八年当時はまだ日本語がこんなにメジャーじゃなかったし、だいいち、外国で誰かが日本語を学ぶなんてこと自体、想像することが、少なくとも当時のわたしにはできなかった。

この韓国で日本語の先生がいる。ということは日本語を学んでいる学生がいるってことだ。どこのだれが一体わが日本語を学んでいるというのか。詳しいことはわからないが、一つだけはっきりしたことがある。日本語がメシのタネになりうるということ。このときまでわたしが将来日本語の教師として歩んでゆくことになるなどとは、それこそ夢にだに思っていなかった。

「先生になりませんか?」

質問に来た彼、一週間の後、またやってきた。名前はイ・ヂョンスといい、近くの学院で日本語を教えているということだった。歳はわたしより一、二歳下だった。

「キグチさん、うちの学院で先生しませんか?」

唐突にこう切り込んできた。いやあ、それにしても韓国人は唐突というか、せっかちというか、想像を絶するダイレクトさ、ダイナミックさだ。まるでダイナマイトだ。

「いや、ぼくには内定している会社があるんですよ。今勉強している韓国語がある程度できるようになったら、ある先輩の会社に勤めることになってるんです。日本語の先生というのもおもしろそうですが、いちおう、約束されてますんで……」

「そうですか。それはすばらしいです。残念ですが、しかたないですね」

「あ、ありがとう。でもそんな急に先生のクチがあるんですか」

「ええ、小さい学院なんですけど、日本語習おうって学生がものすごく多くて。先生さえいればクラスの増設は問題じゃないんです」

「どんな子が来てるんですか?」

「下は中学生から上は大学生、社会人まで、まんべんなくいますよ。日本語は人気の言語なんですよ、この韓国では」

日本で生まれ、小学、中学、高校、大学、そして社会人生活も少し。すべて日本国内だけで生きてきたわたしには、日本語を誰かが学ぶという図式がどうしても頭に描けなかった。日本語は自然にしゃべるものであり、学ぶことばではない。学ぶべきことばがあるとすれば、それは英語とかドイツ語とかフランス語とかだろう。こういう完全に国内バージョンにおかされた頭では、いかに想像力を逞しくしても「人が日本語を学ぶ」という構図は生まれなかった。

ところが韓国には学院というものがあって、そこで英語などとともに日本語クラスがあるという。しかも大人気であると。数日間どうしても信じられない状態が続いていたが、くだんのイさんに「見学に来て見ませんか」と誘われ、学院の教室で学ぶ子供たちを見たとき、はじめて「日本語が学ばれている」ということを実感としてうけとめることができたのだった。

就職、そして退職……

猛烈な勉強のおかげで三か月だけ高麗大学校で学ぶと、わたしは日常生活の韓国語はほとんどできるようになっていた。

約束どおり、先輩の会社で働くことになったものの、韓国のアパレル業界はきびしい時代を向かえつつあった。働き出して六か月ほど経っていただろうか。「韓国の事務所をたたんで中国へ行くぞ」と先輩が言ったとき、それまでよくしてもらったことに対する感謝のことばとともに、わたしは辞表を提出しこの会社を辞めることにした。先輩といっしょに中国へ行ってやりたいという気持ちもあったけれど、韓国に残って一旗上げようという気持ちのほうがちょっとまさった形だった。

韓国で生活し、韓国語を学び、ことばのおもしろさにとりつかれたというのもあるし、歴史的なことに関する興味もわいてきていた。お国柄ももっと知りたい。そしていちばんの理由は、妻が韓国人ということだった。いっしょに中国にいく手もあったが、彼女は行きたくないと言う。それなら結構。ここでやっていこうじゃないか。おれもここにいたい気持ちのほうが強い。会社は辞めたが、まったく心配はなかった。日本語が人気という学院があるじゃないか。さっそくイさんに電話してみた。タイミング折悪しく、ちょうど先生を増員したばかりでちょっとむつかしいかなということだった。

ついに、日本語教師に

鐘路(チョンノ)にあるJ国際学院に履歴書を送るとすぐ面接に来いという。面接をうけた次の日、採用の連絡があった。こちらはイさんの学院より何倍も大きい大手の学院だった。クラスには男子学生もいるが、女子学生が圧倒的に多い。日本語は韓国の女の子らに人気の言語なのである。学生は二十歳そこそのかぐわしい年代であるため、だれもがみなきれいだ。ある授業で「いちばん好きなもの」というテーマが教科書に書いてあった。

「みなさん、食べ物のなかでいちばん好きなものは何ですか?」

と聞いてみた。

二十歳そこそこの女の子たちだから、「ケーキ」とか「クレープ」とか「ピザ」とか「いちごパフェ」なんていう答えがかえってくるんだろうというような気持ちで聞いてみたのである。ところがみな異口同音に「キムチチゲ」と言うではないか。ええ？　冗談だろ？　あの色、におい、形、味。どうみても花のようなアガシ（お嬢さん）らの好みそうなものとは思えなかった。わたしをちょっとからかうつもりで答えたんだろうと思い、学生らに「ノンダミジ？（冗談だろ？）」と聞いてみた。ところが彼女らはいたってまじめな顔なのである。わたしをからかおうと思っているようなフシはどこにも見当たらなかった。

大分あとになってわかったことだが、その時彼女らは冗談でこたえていたのではないということなのである。根っからキムチチゲがすきだったのである。見た目には、どんくさい、どうひいき目で見ても洗練されたというにはほどとおい（と当時のわたしには思われた）食べ物なのであるが、これが花の香もにおいたつような彼女らの好みだったのである。

考えてみればうなづけないこともないか。わたしもそうだし日本のお嬢さんがたにしてもそうだと思うが、奈良漬けとかじゃがいもの煮っころがしなどという料理がすきではないか。あれはどうみても洗練されたというイメージではないだろう。

しかしながらその時は、彼女らの洗練された美しさとキムチチゲのドロ臭さが、どうしてもわたしのなかでかみ合わなかった。好きなものはたくさんあるだろうけれどキムチチゲが「いちばん」すきだという点、そして聞かれた瞬間にパッと口をついて出てきたのがこのキムチチゲということばだったことが、わたしには驚きだったのである。いまでもキムチチゲを食べるたびに、韓国乙女のうるわしい姿を見るのである。

2．夢か幻か　サムスン就職

降ってきた大企業への転職話

J国際学院に勤めはじめて三か月ほど経ったころだった。近くの別の学院（高麗学院）に勤めている亀田さんという人から「ちょっとコーヒーでもいっしょにどう？」と誘いを受けた。亀田さんは、高麗学院に勤めて一年半ほどになるということだった。学院が近いせいか、昼メシや晩メシなどを食うとき鐘路のとある食堂で何度か顔を合わせるうちにどちらからともなく挨拶し合い、食事のあといっしょに散歩するなど、急速に親しくなっていった。

日本人は日本人を見るとだいたいぱっとわかるのである。ときには学生の話だったり、教材の話だったり、教え方の話だったり、かわいい女子学生の話だったり、同僚の先生らの話だったり、趣味の話だったりと、毎日会うわけではないけれど、会えばそれは充実した時間となりお互いにとても惹かれるものを感じていた。

わたしより二コ年上だったが、童顔で、頭は常に七三に分けていた。フィアンセはいたが、結婚はあと二、三年先になるだろうと言っていた。フィアンセは韓国の女性のようだった。

マクドナルドでコーヒーを買って彼の勤める高麗学院に歩いていく。高麗学院とわがJ国際学院とは歩いて七、八分の距離だった。長話になっても歩いてすぐだ。次の授業に差し支えることはあるまい。

「いや、実はさ、ちょっとおもしろい話が転がり込んで来てね」

「どんな話？ 金儲けの話でも？」

「ちょっと近いかも。三星で日本語の講師を募集してるって話なんだ」

「三星っていうと、三星電子とか三星物産とかのあの三星？ 大きい財閥だってことはどっかで聞いたことあるけど、あんなところで日本語講師なんて、いるんだ？」

「ぼくもよく知らないんだけど、三星ってグループ、日本語とか外国語の教育にものすごく熱心みたいだよ」

「三星の社員になるってことかな」

「いちおう身分はそういうことになるんじゃないのかね」

「いやあ、それはおめどうございます、亀田さん。となるとここ鐘路でこうしておしゃべりできる時間も、この先、あといくらもないってことですよね」

「ぼくじゃなくて木口さん、あなたに勧めたいと思っているんだ」

「ええ！ そんなばかな。ここ高麗学院ももちろん悪いと思わないけど、その、なに、サムスン？ 財閥グループじゃないですか。応募するの一手じゃないですか」

「いや、ぼく、韓国語がまだあまり上手じゃなくてね。韓国語での面接があるらしいんだ。木口さんはその点、韓国語、けっこうぺらぺらだし。向いてそうな気がするんだ」

「そういってもらえるのはありがたいけど、一生を左右するような話のようにも思えるんだけどな。かなり重要なことだから、亀田さんがまず応募すべきですよ。誰が考えたって、話をいちばん最初に聞いた人が当然応募する権利もあるわけだし。わたしに応募しろなんて、おかしなことおっしゃらずに、ご自分で応募してくださいよ。いいですか」

「いや、ちゃかしや冗談ではないんだ。ぼくが自分で応募するんだったらわざわざ木口さんにこんな話、しないよ。韓国語の実力もそうなんだけど、ぼくは二、三年後には日本に帰って何らかの事業をやろうっていう気持ちもちょっとあってさ。

いや、先のことはわからないし事業云々ってのも明確な絵があってのことじゃなくて、どうなるかほんとわからないんだけどさ。ただ今回の話は、木口さんにぴったりのような気がするんだ。応募すれば、君なら受かりそうな気もするし」

「そこまでいうんだったら勿論、ぼく、応募しますよ。でも亀田さんを蹴落としてまでやる気はなくてさ」

「ぼくが頼んでるくらいだから、ぼくを蹴落とすことにはもちろんならないさ。ぼくの目を見ればわかるでしょう。あくまでも木口さんの合格を願ってるってことがさ」

授業時間が迫っていたため、その日はさらに五分ほどしゃべってわたしの勤めるJ国際学院に向かった。授業中は三星の件は一回も頭に浮かばなかった。緊張よりは教える活気のせいだ。どのクラスも、学生らは勉学への熱意にあふれていた。夜九時にすべての授業を終え帰途につく。一人になるとおのずから三星の話が頭を占め始める。亀田さんは、自分では応募する気がないと言っていた。

妻のオドロキ、わたしの迷い

出どころは、二週間ほど前、亀田さんのいる高麗学院に事務員として入ってきた五十代後半のおばさんだった。陽気なおばさんで、日本語も趣味でやってたようでちょっと話せるのだった。人好きのする亀田さんとはすぐに親しくなり、自分の弁当をいっしょに食べないかと誘うほどだ。「じゃ、ハムを一ついただきます」と言って、ハムを一切れ口の中に入れると亀田さんは弁当の場を離れるのだった。いくらなんでも他人の弁当（それも女性の）をいっしょにつついばむほど顔の皮が厚くはなかったようだ。

このおばさん、名前はミョンヂャさんという。このミョンヂャさんに無二の親友がいて、その人が三星の日本語講師を長らくやっていたのだが、今年辞めるという。歳も歳だし教えるのはシンドイということだった。代わりの人を探しているんだけど亀田さん、あなた応募してみない？　と言ってきたのだった。それはきのうのことで、一晩家で考えてみたが、「いい話にはちがいないが不思議と気乗りがしない。これは彼にぴったりなんじゃないか」。そう思ってきょうわたしに話したのだという。

亀田さんがなぜ気乗りがしないのか、わたしには全然わからなかった。韓国語の実力といったって全くできないのではないのだし、長く韓国にいるつもりはないにしても、二年でも三年でもやれれば、それに越したことはないじゃないか。三星の日本語講師が平均で何年くらいやっているのかわからないけど、二年だってまとまった時間だ。過ぎてしまえば二年だろうと二十年だろうとあっという間であるが、ボートでの世界一周とか宇宙ステーションでの滞在などを考えたら、六か月だって長い時間といえよう。中味充実でやれば、二年だって決して無意味な短い時間ではない。やっぱり、これは亀田さん本人が応募するべきだ。

夜の十時半ごろ家についた。メロンをむくかみさんにわたしは静かに言った。きょうの午後亀田さんから聞いたことを洗いざらい。

「それで亀田さんは、自分が応募する気はないから、ぼくにやってみたらって言うんだよ」

「なんですって⁉　삼성（サムスン）ですって！」

かみさんは「삼성（三星）」という単語を三、四度叫ぶように繰り返した。そんなに驚くなよ。たかが一介の会社じゃないか。かみさんが驚く姿にこちらが驚くといった格好だった。しかし聞けば、驚くのも無理ないことかもと思えてくるのだった。

「三星なんて誰でも入れるところじゃないのよ。韓国で一番か二番の会社なのよ」

そうかい。大きい財閥だとは聞いていたけど、韓国で一、二を争う会社だったとは知らなかったな。それにしてもだ。君の驚きようは、三星に入ることが大統領に当選したかのような驚きだぜ。いくら三星とはいえ、それほどのことではあるまいに。わたしとしてはそんな気持ちだったけれど、それは彼女には言わなかった。

「亀田さんて方、三星っていう会社について知ってるのかしら。知ってたら応募しないなんて絶対言わないと思うわ。

でも、その人、そんなにやらないって言うんだったら、あなたがやれば」

「それはそうなんだけどさ。あしたもう一度会って聞いてみるけど、それでもやらないっていうことなら、そのときは考えてみようよ」

その夜はそのくらいにしてメロンを三切れほど食べて寝た。

人生の不思議、機微

次の日、昼メシのとき、亀田さんに最後の確認を入れてみた。

「亀田さん、三星って会社、韓国でいちばん大きい会社らしいですよ」

わたしは韓国で一、二番の二番の部分を省略して言ってみた。結局のところ三星は一、二番じゃなくて、ほんとに一番ってことがその後すぐにわかることになるのだが。一九八〇年代までは現代（ヒョンデ）（ヒュンダイ自動車）が一番に君臨していたが一九九〇年代にはいるとその座を三星と交替するようになったようである。

亀田さんにどんなことを言っても「やらない」気持ちに一ミリの変化もないことを確信したわたしは、言った。

「じゃ、いちおう、わたし、やらせてもらいます。合格するかどうかわからないけど、履歴書と自己紹介書、すぐ準備して二、三日中にお渡ししますので、そのミョンギャおばさんのほうによろしくお伝えください」

こうしてそれから一週間の後、三星から面接をやろうという連絡がきて、わたしの面接路程が始まったのだった。面接は結局四回におよび、最終的な合格の連絡が入ったのは、一回目の面接から一か月と十日ほど経ったころだった。真夏にはじまった面接であったのだが、秋風の吹き始める九月半ばごろ「合格です」の返事をもらったのだった。

その間にミョンギャさんはどこかの大企業の社長秘書の口があり、そちらへ移ることになったらしい。高麗学院に在籍した期間はジャスト一か月。「あなたを三星に送るためだけに高麗学院に来たみたいね」とかみさんが言う。まったくもって不思議としか言いようがない。亀田さんがまず高麗学院にいた。突然ミョンギャさんが彗星のごとくやってきて三星の話をした。亀田さんは自分のカードではないと言った。わたしが代打で出てホームランをかっとばした。ミョンギャさんはそのあとすぐ辞めた。亀田さんも一年九か月後に辞めて日本に帰った。わたしは三星マンになった。

ミョンギャさんが高麗学院に来なかったらこの一連の流れはなかったのだ。高麗学院に来ても亀田さんと仲良くならなければやっぱりこの一連の物語はない。さらに言えば、赤の他人であった亀田さんとあの食堂で顔を合わせなかったら……。顔を合わせても挨拶しないままだったら……。人生の不思議、機微というものをこのときほど感じたことはない。

3．サムスン職場スケッチ

三星での勤務

一九九〇年の十月からわたしの三星勤めがはじまった。採用になるまで四度の面接を受けた。それなりの苦労の末にはいった三星、やる気満々であった。朝の早いことなどなんの問題でもなかった。当初は朝七時ごろの出勤だったと思う。七時にソウルのカンナムにある韓信アパート三三三棟の前に、講師専用の送迎車ソナタが待機しているのだ。おもむろに乗り込む。水が流れるように出発する。研修院専属のドライバーが迅速かつ安全に送ってくれる。車が出発するのを妻はアパートの玄関から見送ってくれている。車の動き出すその流れるような動き一つ見ても、ドライバーの信頼性が感じられようというものだ。「三星の運転手さんって、とてもていねいで慎重そうね」。こんなことばを妻はときおり言っていた。「そうだね。ベテランばかりだよ。事故りそうな人は一人もいない感じだね」。

わたしが乗ったあと別のアパートに行って一人乗せ、また別のアパートに行って一人乗せして、ふつう三人の講師を乗せて龍仁(ヨンイン)の三星総合研修院に向かう。朝早いから車に乗ったらおはようの挨拶だけしてあとはお互いすぐ寝る。ほとんど寝ていくので途中どんな運転をしているのか不明の点もあるが、急ブレーキとか急発進とか急ハンドルなどはただの一度もなかったところをみると、ドライバーは何人かローテーションしていたけど、みんな一流のドライバーだったことはまちがいない。

送り迎えがこの乗用車から中型バスにかわったのは、わたしが働き始めて二年ほど経ったころだった。経費節約からだったと思う。講師がソウルのカンナム一帯にばらばらに住んでいるため、バスは四、五か所で止まるようになっていた。幸いわたしの場合は、三三三棟から歩いて二分くらいのところで止まってくれるようになっていた。ちょうど子供の通う幼稚園の前だ。講師によっては十五分ほど歩くのもいたから、わたしの場合はかなりラッキーなほうだった。

三星総合研修院にはもともと英語と日本語の二つの課程があったのだが、このころから中国語が加わり、さらにロシア語なども加わってきていて、講師の数は二十名を越えるほどになっていたかと思う。そんなこともあって、バスになったのであろう。このバスの中でのエピソードを書くのが本稿の目的であるのだけれど、その前に三星総合研修院の風景からスケッチしてみたい。

在日僑胞の同僚

一九九〇年の十月に研修院にはいったとき、わたし以外には日本人が二人、在日僑胞の人が二人という構成になっていた。在日僑胞というのは、ヂェイルキョポという発音になり、在日韓国人という意味である。韓国のほうではふつうはこのように在日僑胞といっている。

わたしが加わったことで日本人は三人となり日本人が数的に一人多くなったわけだ。在日僑胞の二人は、ともに五十代半ばほどで第一印象は「年輩の方もいるんだな」というものだった。日本人のほうは四十代半ばの人が一人と三十代半ばの人が二人（わたしを含めて）だった。総じて日本人講師のほうは若く、在日僑胞のほうは年輩という図式だ。在日僑胞の人と仕事をするのはこれがはじめてだった。仕事はおろか、付き合うというか、そばで親しく接するということ自体がはじめてだった。

在日僑胞というのは、もともと朝鮮半島に住んでいた人々が日本列島に移り住むようになった人々のことである。一九一〇年八月の日韓併合を契機として多くの人々が玄界灘をわたり日本に住むようになった。喜んで日本の地に来た人もあれば、強制的に来ることになった人、韓国で独立運動などをやり日本警察に追われる身となり、やむなく韓国の地を離れて日本に来た人。一口に在日僑胞といっても、日本に居を構えることになった最初のきっかけは十人十色、千差万別であった。事情も理由も人それぞれで異なっているわけであるが、総じていえることは、プラスの気持ちよりはマイナスの気持ちでやってきた人が圧倒的に多いということ。したがってその二世、三世といわれる人たちも、大なり小なり日本に対するマイナス感情はどうしても宿ってしまうことになるが、それはある意味、ごく自然ななりゆきといえなくはない。愛憎あざなえるその心の中は、本人も計り知れないほど深くかつ複雑なものと思われる。

この本の中にも、日帝時代ということばがところどころに出てきている。これは一九一〇年八月から一九四五年八月まで、日本が韓国を植民地支配した時代のことである。このころに韓国から日本へ渡った人々の中には、一九四五年八月十五日の日本の無条件降伏（韓国では光復節）のときに、韓国に帰国しないでそのまま日本に住みついた人々も多い。自由意志で日本に渡った人もあろうし、強制的につれて来られた方もあろう。彼らの子孫が今は三世、四世、五世という世代になっている。

国籍は多くは勿論韓国籍であるが、年々日本へ帰化する人も増えているという。日本に住んでいる以上、韓国籍であっても日本人と同じ権利を与えてほしいと思う。日本でも外国人扱い、韓国へ来ても完全な韓国人として認めてもらえないといった状況があり、在日僑胞といわれる方々は、なかなか辛い生き方を強いられているのである。温かい目を向けてほしいと切に願う。

「二階から目薬」戦争

さて三星の研修院に話を戻そう。いっしょに働くことになった年輩の在日僑胞の人たち（かりにカンさんとバクさんと呼ぼう）、彼らもそういう複雑怪奇な部類に属する方々だった。ふだんは挨拶もし、ことばもかけ、それなりに和気あいあいとさえいえるほど、なごやかに過ごしているが、なにか事あるごとに大なり小なりいろいろの軋轢が生じることになるのだ。

たとえば三星内部で実施される日本語の検定試験があるのだけれど、これを年に三回ほど作るのもわれわれの仕事だった。五人で手分けして分担箇所の問題を作って持ち寄り、会議形式で問題一つ一つを検討し、没にしたり、直して使ったり、そのまま採用にしたりと決めていく。全員、日本語のネイティブなんだから問題作りなんてお茶の子さいさいと思われるかもしれないけれど、これが作ってみるとなかなか簡単ではないのである。自分で作ってるときには気づかないが、検討してみると答えが二つあったり、設問の立てかた自体がおかしかったり。したがって検討会議の場は必要でもあり、またありがたいものでもあるわけだ。

ところで三星研修院日本語科の場合、この検討会議がほとんど「戦争」だったのである。日本人vs在日僑胞同士の。わたしは妻も韓国人だし、彼らと争おうなどという考えは微塵もなかった。他の二人の日本人講師も同じ考えだった。争おうという考えで会議に出ているわけではなかった。おそらく在日僑胞の方々も「戦う」ためにその場に座っていたのではなかったであろう。ところがどうしたものか、会議がはじまるや否や、在日僑胞のお偉方は、声そのものが緊張の色を帯び、一問目、二問目の検討にいくかいかないかするうち一触即発の様相となってしまうのだった。

たとえばこんなことがあった。今も鮮明に覚えている。諺の問題を出す設問で、「二階から目薬」という表現をカンさんが作ってきた。四択の中から正しい答えを選ばせるものだが、その当時三十五、六歳であったわたしは、恥ずかしながらそんな表現を一度も聞いたことがなかった。日本人三人とも同じだった。

これはたしかにわれわれの不勉強のいたすわざであるから、恥ずべきことであるにはちがいない。日本語の「先生」として知らないというのはかなり恥ずべきことだ。それはわかる。しかし問題は、こんな表現（ネイティブの日本人も知らないような）を出題するということ自体だ。外国人が受ける日本語の試験に日本人も知らないようなものを出していいのか。辞典をぺらぺらめくって安直にメモしてきたものだろう。現実生活の中でどれくらい使われているか、難易度はどれくらいのものか、などという配慮はこれっぽっちも感じられないではないか。

日本人三人は、別にたくらんでいっしょに反対したわけではないけれど、全員一致してこの問題の出題には反対だった。ところがもう一人の在日僑胞のバクさんは、全然オーケーじゃないの。辞書に載ってるんだからさ、ときたもんだ。辞典にあるかないかが問題かよ。一般に使われているかどうかが一番重要な観点じゃないの。かくして年を召された僑胞の方々が若造三人をにらみつけ、声を張り上げ机をたたきという修羅場になるのだった。

わたしはけんかするつもりなどこれっぽっちもないし、日本人同士で一つにまとまろうなどという気持ちもゼロなのに、結果的にこういう形になってしまうのがいやでいやでたまらなかった。かといって「二階から目薬」で行きましょうよ、とも言えず、心にもない戦いの構図はどんどん深まっていくのであった。

この戦いの構図は、数年後、僑胞のお偉方が一人解雇され、しばらく後また一人解雇されることで決着がつく格好となったのだった。

ヂャン・テハ

さて日本語科の雰囲気に関してだいたいご理解いただけたと思う。会議の場は修羅場だったけれど、普段はそれほどではない。それでも僑胞二人と日本人二人は自らすすんで話しかけるということがほぼなかったゆえ、新参のわたしがそれでも多少の緩衝役になっていた。「きょう修了式だったよね。場所はどこだっけ?」とカンさん。「えーと、二〇三号室です」とわたし。「時間は?」「二時半からです」「そうか。いよいよ今回のコースも終わりだね」「そうですね。あしたからの二週間の休み、楽しみですね」。こういう他愛のない会話ができるのはなにあろう、このわたし一人だった。

そうこうしているうち、日本人の一人の講師(Mさん)が個人的な事情で日本に帰ることになり、代わりに入ってきたのがヂャン・テハだった。背丈は一八五センチくらいで痩せぎすの二十代後半の若者だった。体つきはスポーツマンタイプで運動神経はよさそうだった。カンさんはさっそく彼を味方につけるため、その夜飲みに誘ったようだ。わたしが入ってきた日にもカンさんはわたしを飲みに誘ってくれたのだけれど、酒もあんまり飲めないし、そばに女の子をはべらせていちゃいちゃするするのにも慣れていなかったので、「早く家に帰りたいなあ」の一心だった。ギャン・テハも次の日、「いやあ、きのうはさんざん飲まされちゃいましたよ。二度とご一緒したくないですね」とわたしに言うのだった。

ギャン・テハは在日僑胞の三世だったけれども、年の近いわれわれといっしょにいることが多かった。ときおり「おーいギャン君」とご年輩の僑胞のおじさん方から呼ばれることがあった。「はい」と返事し、エリを正して近づいていく彼であったが、見たところ体育会系出身者同士のお付き合いといった雰囲気だった。目上の人を敬うというか規律を正すというか、一種やくざの世界ならさもありなんといった光景も時々見られた。呼ばれるたびにエリを正したり直立不動の姿勢をとったりということは、たぶん日本の僑胞の世界では見られないものだと思う。韓国でだから、また日本人を前にしてだからこそ、「おれたちは結束がかたいんだぞ、まとまっているんだぞ」という姿勢が意図することなくおのずから出てきていたんだと思う。

なにはともあれ、ギャン・テハが来てくれたおかげであの恐怖の検定試験作成会議の様相は一変してしまった。カンさんの作ってきた問題がおかしければ「おかしい」といい、バクさんの問題が現実離れしたものであれば「今、そんな表現は誰も使いませんよ」と言うのだった。僑胞だからどうの、日本人だからどうのという感覚が彼の場合ほとんどないもののようだった。

年輩のおじさん僑胞二人のせいで、めちゃくちゃになってしまった僑胞に対するわたしのイメージは、ギャン・テハのおかげで完全に払拭された格好だった。修復はされたものの、元通りのまっさらな状態になることはないのかもしれないが。ヂャン・テハによるイメージ刷新は成功したのであるが、その後もだれかと会い、その人が僑胞だとわかると無意識のうちに構えている自分を発見するのだった。これは必ず直さなければならないのだけれど、なかなか心がいうことを聞いてくれない。

ヂャン・テハは、わたしの住むハンシンアパートではなかったけれども、どこかその近くに住むことになったようだった。わたしがバスに乗り込むと、すでにいちばん前の席に座っていて「おはようございます」と元気よく声をかけてくれる。朝から気分のいいスタートだ。わたしの乗り込む場所からはもう一人、アメリカ人の若い男の英語講師が乗る。それから最後の停留所に寄り三人ほど乗せると高速道路にはいり、一路ヨンインの総合研修院に向かう。

バス事件

バスの中でしゃべるものはほとんどいない。このころは確か朝六時に家を出て六時十五分には高速道路の上にあったと思う。研修院到着が朝七時という常識を超えた時間だった。

当時三星の二代目会長のイ・ゴンヒ氏が、三星の経営に危機感を感じ、三星の第二次創業精神ということで「妻と子どもだけはそのままにしておいて、その他はすべてを変えよ」という大号令を出したのだ。すべてを変えて社員一人一人が真剣に自己改革していかないと危ないと考えたからである。出勤時間も、朝七時という度肝を抜くような時間となったのである。藩の改革で有名な上杉鷹山の小説を社員に配り、読んで勉強せよといったのもこのころである。童門冬二著『火種』という小説である。原題は『小説・上杉鷹山』（学陽書房、一九九五年）。

わたしが乗り込むとギャン・テハがおはようとあいさつする。この場所でいっしょに乗るアメリカ人の男性はふだんからやや遅れ気味だった。次の場所で三人が待っているわけだから、遅刻は原則として許されないものだった。送迎の手段が乗用車からバスに変わったとき、運転手さんが何度か言っていた。「所定の時間に乗っていただかないと七時まで研修院に着けませんので、みなさん、遅刻しないようよろしくお願いします」と。

アメリカ出身の英語講師、ロバーツは遅刻気味ではあったものの、わたしが乗り込んだあと三十秒と遅れたことはなかった。

ところでその日、彼の姿がなかった。「出発しないといけないんだけど、ちょっと待ってみますか。遅刻はいけませんねえ……」。運転手さんが言う。そのとき一番前に座っていたギャン・テハがガバと立ち上がって、

「ぼく、彼のアパートまで行って見てきますよ」

と言った。言うなり彼は一目散にアメリカ人の住むアパートめがけて走っていった。

しばらくしてテハ一人帰ってきた。わたしは「ロバーツはどうした？」と声をかけようとしたが、やめた。テハの形相がものすごくて、声をかけられる雰囲気ではなかったからだ。

「くそーっ。やってられねえよ」

右手のげんこつで座席をなぐりつけ、右足で床をがつんと蹴飛ばしながらわめきちらすのだった。「どうしたんだ、テハ?」のことばも出なかった。誇張なく彼が狂ったと思った。

「てめえら、何様だと思ってるんだ」

これはアメリカ人らに言っているもののようだった。英語の講師たちは青くなった。女性も多い。二十代から四十代くらいだと思う。その後もしばらくは大阪弁で「ぶっ殺してやる」みたいなことをわめきちらしていた。その剣幕は、組と組とが死をかけて争うヤーサンがたと見まちごうほどの迫力があった。ちょっとこわかったけれど、あまりにもすごみのあるあっぱれなケンマクに、わたしは一人なぜか知らないけれどエールを送っていた。

ようやく静かになったころ、ロバーツがコソ泥のようにそそくさとやってきてバスに乗り込む。皆にあいさつもせず、一番後ろの座席まで直行し、そこに座った。四十代ほどのアメリカ人の女性講師が何があったのかと英語で聞くが、ロバーツも無言のままだ。こっちのほうもかなりお怒りのようだ。眉間に皺をよせギャン・テハを睨み付けているようだった。

ことのなりゆきはこういうことだったらしい。ギャン・テハがロバーツのアパートまで行ったらドアが閉まったままだった。声をかけてすぐにもいっしょに連れ帰らなければならない状況だ。バスでみんな待っているし、次のストップ場所にも行かないといけないのだ。せっぱつまっていたためテハはドアをノックせずすぐにパッと開けたのである。開くかどうか試すつもりでドアのノブを引っ張ったわけだ。するとドアはさっと開き、玄関のところでロバーツが彼女と抱擁しているさまをダイレクトに目撃することになった。

テハが「カモン」というのとロバーツが「クレイジー！」というのと同時だった。テハは、いけないものを見てしまったなという済まなさもあるからぼーっとして突っ立っていると、ロバーツの英語の呪詛が際限なく続けられた。なんでドアを開けるときノックしなかったのか。この常識のかけらもない未開人め！――だいたいのところそんな内容だった。

わざわざ迎えに来てやっているのに、なんでおれが怒られなきゃいけないんだ！　帰りの道すがら、怒り心頭に発し、バスに帰ってきてからは前述のごとき振る舞いとなったわけである。

数日後、二人は仲直りの酒を酌み交わし、めでたくわだかまりは氷解したもようだった。英語科の比較的年齢の高い女性講師らの説得が功を奏したらしい。テハにも非はあるが、いちばん若い身ゆえ、わざわざ走って迎えにいってやったこの親切に「クレイジー！」のアッパーカットで打ちのめすとは。どう考えてもロバーツのほうが間違っている。やりすぎだ。「ロバーツ、あなたのほうからすまん、ありがとう」と頭を下げることだね、という女性たちのアドバイスがあったのであろう。アメリカ人としては、ノックもせず、がばっとドアをあけて入ってくるような野蛮な行動はとても許せないと、けっこう頑なだったみたいだが、ここは韓国、先輩方のことばを容れ、ロバーツのほうから歩み寄ってくる結果となったのである。

ことは無事一件落着となったものの、文化のカベ、文化の差というものを鮮明に見る思いだった。しかしこんなふうにも考えた。このようなカルチャーショックが味わえるのも、異国の地で、さらに異国の者同士がともに袖すり合いながら生きているからにほかならぬ。東京で、周りみな日本人という環境では絶対に味わえないものだ。

人々はこれまでは、ローカルで生まれ、ローカルで生き、ローカルで死んでいく、そういう流れだった。今われわれは、宇宙船地球号に乗って航海する運命共同体としての一員だ。テハとロバーツの間にあったいさかいや誤解は、今後いたるところで見られるようになってくるにちがいない。そんなとき、先駆けて体験した者として、気のきいたアドバイスがひとことでもできるよう、心のハードディスクにしっかりと保存したことだった。いやあ、それにしてもテハよ、お前のあの剣幕は立派だった。在日僑胞としてというよりは大阪人としての「あほんだら」だったんだと思う。いつか再会したとき、あのドヤシをもう一度見せてくれ、テハよ。

日本語人気、アップダウン

こうしてわたしは三星で丸八年プラス一か月働き、大学の非常勤講師を四年ほどやったあと、今の大学、白石（ベクソク）大学校に来た。二〇〇二年三月のことである。

こちら韓国の学生のうち日本語を専攻しようとするものは、小・中学生のころ日本のゲームやアニメに接して、その魅力にとりつかれた連中がほとんどである。だからけっこう「おたく」っぽいのが多い。卒業しても就職できるだろうか、社会生活がまともにやっていけるんだろうか、そんな心配をさせる子が大部分だけれど、それなりに仕事につき家庭を持って立派に社会人になっているのをみると、なんとなく驚いてしまう。「あのオタクだった子がねえ」と。

こちら韓国の語学系の学科は、英語、中国語、ロシア語、日本語あたりが一般的だ。外国語大学のように語学オンリーの大学には、もちろんドイツ語、フランス語、イタリア語、スペイン語、アラブ語、ベトナム語、タイ語、モンゴル語とほとんどの外国語科が準備されている。この数多い語学の中で、やはり日本語だけがちょっと別格であるように思う。どういうことかというと、日本語の場合は他の外国語の場合とちがって、ゲームであれアニメであれ歌であれ、子どものころにふれあい、それが好きになり、対象そのものからさらに日本語への関心が開花してやってくるため、純粋に日本語が好きで入ってくるということである。

白石大学校

教養を身に付けるためとか就職時に有利だからとか、そういう「計算的」かつ「功利的」な部分がないため、ひとことで言えば純粋でかわいいのである。かわいいのではあるが、オタク的でもあるからときどきとんでもない質問やむつかしい質問があって答えに窮することがしばしばだ。
常勤教授として十年ほど懸命にやってきて順風満帆に見えていた二〇一一年三月。天地を揺るがす大地震が起きた。肝をつぶすとはあのようなことを言うのであろう。韓国の空の下で、繰り返し流れる津波の惨状をただじっと見るしかなかった。

あの東日本大震災とそれにともなう福島第一原子力発電所の放射能災禍の前と後で、天と地がひっくりかえるほど変わってしまった。すべてが。

それまでは日本語の人気は、飛ぶ鳥も落とすほど勢いがあった。わたしの勤める大学を例にとると、日本語の学生は年々増え続け、ピークの二〇〇五年ごろから二〇一〇年ごろまでは、英語の学生をも上回るほどの入学者があった。新入生が日本語科だけで一二〇名を越えていたのだ。それが二〇一一年三月の事故を機にがたがたと減り、二〇一二年はその三分の一、二〇一三年は四分の一、二〇一四年はさらにダウンしてしまった。学校の経営陣のほうから「日本語科、大丈夫なの?」の声がいつかけられてもおかしくない状況になってしまったのである。幸い、二〇一五年は最悪の二〇一四年よりは十名ほど増えてくれて辛うじてちょっと盛り返してくれた。天に感謝である。

こうして振り返ってみると、わたしがこの地・韓国で日本語教師をして歩んできた時代、数字的には一九九〇年から二〇一〇年までが、日本語の花の季節であったということが今にして思えばはっきりとわかる。韓国は新陳代謝の激しい国だ。不要となったら、すぐなくなってしまう。高校で教えていた第二外国語としてのドイツ語やフランス語などは、一瞬にしてなくなってしまった。それにともない大学での独語科や仏語科も淘汰されてしまった。日本語と中国語とに置き換えられてしまったのである。高校でドイツ語やフランス語を教えていた先生がたが、急遽日本語の先生になるために夏休みの間に集中講義を聞き、試験をパスして日本語の先生になったという人を何人もわたしは知っている（わたしも彼らを教えたことがある）。

日本語がドイツ語やフランス語と同じ運命を辿るのか否かは、あと数年のうちに判明してくるだろう。お隣さんの言語という点で、ドイツ語やフランス語とまったく同じ運命は辿らないはずだと筆者は思っているのだが、さて、どうだろうか。

4．「スヌン」問題作成

韓国のセンター試験、「スヌン」

日本の大学入試は、一期、二期の時代から共通一次、そしてセンター試験という流れで変遷してきた。こちら韓国も各大学別の入学試験の時代から予備試験プラス大学別本試験の時代、そして修能試験（スヌン試験）の時代へと、細かく区別するとこれまで十六回くらい大学入試制度が変化してきているというから日本以上にすさまじい。

修能試験というのは「修学能力試験」を略したことばである。日本のセンター試験にだいたいは相当すると考えていただければよろしいかと思う。修能試験は韓国語の発音では「スヌンシホム」となり普通には「スヌン」といえば通じる。

これを書いている二〇一五年十月。今年も韓国はスヌンの季節となった。いつのころからか例年十一月の第一か第二週の水曜日か木曜日と決まっているようだ。高三の受験生にとっては最後の追い込みの時期というわけだ。韓国社会においては、スヌンの出来不出来が多くの人々にとって人生を変える一大事である。緊張しないものはいない。高三生がいる家庭では、この時期、ピリピリした時間が続くことになる。これは日本も同じであろう。

　韓国社会においては泣く子も黙るスヌン。

スヌン受験生を応援

　二〇〇三年十月。スヌン作成委員として約一か月、江原道（カンウォンド）のコンドにカンヅメとなった。コンドとはコンドミニウムのことで巨大なホテルと考えてもらえばよい。第一外国語は英語だが、ここ韓国は第二外国語も試験科目になっていて、その第二外国語の中の一科目として日本語がある。第二外国語は、日本語、中国語、ロシア語、アラビア語その他諸々があり、受験生はその中の一つを選択するしくみだ。試験全体に占める第二外国語の比率はたしか四％ほどじゃなかったかと記憶する。四％とはいえ一点でも明暗が分かれる試験だ。四％という比重は決して小さなものではない。

　九月（二〇〇三年）のある日、雲ひとつない天気の日であった。C大学校のイム教授から電話があった。

「ああ、木口教授。スヌン作成委員として君を推薦しておいたよ。そのうち国の関係者のほうから連絡があるはずだ。よろしく頼むね」

スヌンというのはあまりにも有名（重要）なものだから、その存在は勿論知っていたものの、あれを作る側になるとはそれこそ夢にも思っていなかったので、電話を受けたときはかなりまごついた。何をどうすればいいのか？ 何日くらいかかるのか？ そういったこと一切が未知数だったのだ。とりあえず「かしこまりました」と返事はしておいたのだけれど、大学の授業のほうはどうすればいいのか？ 誰に相談することもなくOKを出してしまったけどこれでいいのか。かなり不安な気持ちだった。

問題作成者に

次の日、さっそく「国」の関係者から電話があった。明日、大学にお邪魔して詳しいご説明をいたしたいという。願ってもないことだ。「二時に研究室で」ということで電話をおく。

十月二日午後二時に研究室のドアがノックされた。

「オソオセヨ（いらっしゃいませ）」

「シルレハムニダ（失礼します）。教育課程評価院のソ・チャンシクです」

国の関係者という人は、教育課程評価院なる国の教育機関に属する人だった。ここでスヌン試験を管轄しているのであろう。さっそく招き入れ、ソファをすすめた。

「この大学は、キャンパスがとてもきれいですね。こじんまりとしていますけど、もみじが目に痛いくらいですね。ほんと、きれいだ！」

わたしをおだてておいて用件にはいる必要は全くないのだが、担当者のソ・チャンシクさんは、キャンパスの美しさを延々と語り続けるのだった。

「スヌンのことなんですけど……」

わたしのほうから水を向けてみる。

「わたし、経験もないし何もわかっていませんので、一からよろしくお願いします」

「さっそくですが、まずこれにサイン、お願いします」

契約書にざっと目を通し、わが口座番号を記入し、最後にサインをした。スヌン作成の期間や業務事項、手当てなどが書いてあった。十月十日から十一月五日（水）までとなっていた。一か月近く大学をあけることになる。その間、授業はどうすればいいのか。そこがいちばん気になる点だった。

「キグチキョースニム（教授）のほうで代講の先生を立てていただければ、費用の負担は勿論こちらのほうでさせていただきます。時間当たりのペイは、相場の一・五倍から二倍ほどになるものと思われますので、代わりの先生さえ立てていただければよろしいかと存じます」

ペイは充分そうだ。誰でも体さえあいていれば来てもらえそうだ。なんといってもこの点だけが心配だったが、なんとかなりそうだ。その日のうちに片っ端から知り合いに電話しまくり、一か月分の代講目録を作った。どうしてもむつかしいのが三コマほど残ってしまったが、これはしかたがない。休講にしておいて、帰ってきてからわたしが補講することにしよう。

担当官ソ・チャンシクさんとの話は雑談も交えて小一時間ほど続いた。

「出発の日の」

とソさんが言った。

「出発の日の十月十日は、午前八時に蚕室(チャムシル)駅の七番出口から歩いて五十メートルほどの広場でお待ちいただければ、わたくしどもの車が参りますのでそれにお乗りください」

「午前八時ですね」

「はい。くれぐれも遅れることのないようにお願いします」

超極秘任務

とにかくスヌン作成というのは、徹頭徹尾、隠密剣士のようにごく秘密裡に行われるものらしい。スヌン試験の作成は、そのはじまりから終わりとなる十一月五日の午後六時までは、隠密に隠密に仕事を進めるのが国の担当機関である教育課程評価院のやりかたのようだ。

研究室でのミーティングが終わると、いっしょに教務部のほうへ行きましょうと言う。大学のほうにはまだ知らせられておらず、これからいっしょに行って知らせるのだと。「え？　大学のほうではまだこのことを知らないんですか？」。そうだと言う。一人の教授が一か月の間、大学をあけるというのはちょっとした一大事だ。場合によっては大学のほうからNGが出されるかもしれないではないか。心配気なわたしの表情に気づいてか、ソ・チャンシクさんはおもむろに言うのだった。

「これは国の一大事ですから、大学は無条件、ＯＫを出すことになってるんですよ」

まさに、ほとんど水戸黄門の世界なのだ。

教務部に行くと、すでにアポイントメントが取られているもようで、すぐに丁重に奥の部屋に招きいれられた。お茶が運ばれてきて、ふうふうしながら飲んでいると、教務部長という人が入ってきて挨拶する。同じ大学に勤めているのだけれど、わたしもはじめてお目にかかる人であった。

「このたびはうちのキグチ・キョースニムがスヌン作成委員としてお手伝いすることになったとのよし、非常に光栄に存じます。うちの大学からはじめての作成委員なので、わたくしどもとしましても、不慣れなところがあるかと存じます。全面的にご協力させていただく所存でございますので、なんなりとおっしゃってください」

教務部長のこのようなことばから三人のミーティングは始まった。ミーティングといってもなんのことはない。評価院の立場からは、貴大学から教授をお一人お借りすることになるがよろしく、ということであり、わが大学の教務部長の立場からは、大学から作成委員を一人でも輩出することができて非常に名誉なことだ。不在の期間は全面協力体勢で取り組みますので、心おきなく問題作成にご邁進ください。こういった内容なので、いやが上にも和気藹々（あいあい）としたものとなった。大学のほうに正式に告知することが目的なので、十五分ほどで終わった。大学公認のもと、一か月ほど大学をあけることが決まった。

ミステリーツアー⁉

十月十日。出発の朝。七時四十分ごろ所定の約束の場所に着いた。着いてみるとかばんを肩にかけた男があっちに一人、こっちに一人、またそっちに一人という感じで五、六人、所在なさそうにタバコを吸ったり考え事をするような素振りを見せたりしているのだった。「ははあ、この人たちもスヌンの人たちだな」と察しはついた。迎えのボンゴが到着した。八時まではまだ時間がある。

「皆さん、おはようございます。教育課程評価院のものです。車に乗ってお待ちいただけますか」

三十代半ばくらいの口髭のある青年が多少押し殺したような声で言う。われわれは車に乗り込む。五分後に二人が新たに到着すると口髭のドライバーはスムースに車を走らせた。ドライビングの腕は相当のようだ。

「八時まであと五分ありますが、全員そろいましたので出発しました。コンドに着くまではケータイは自由ですので、ご自由にご連絡ください」

行き先はつげられなかった。どこへ運ばれているのかもわからなかった。ただボンゴに身をまかせる格好だ。「もしかしておれだけがカモで、他の連中は皆つるんでいて、おれをどっかに拉致でもして売り飛ばしたりするんじゃあるまいな」などと、ギャグのような疑念が思わず知らず湧いてくる瞬間もあった。

一人一人コンドに着くまでは、それぞれに不安な気持ちをもっていたはずだ。なにしろ行き先がわからないのだ。スヌン問題作成のホテルは、毎年異なったところでやられている模様だ。が、そういうことも一切ヒミツなのだ。司法試験、公務員任用試験……と、重要な試験はごまんとあるけれど、受験者数の多さや影響の大きさではこのスヌン試験というやつが一番だろう。それだけになんとなくスパイ養成所に入るような一種独特の不気味さのようなものが漂っていた。各自それを楽しんでいるようなところもあった。運転手さんにいろんな質問が飛ぶ。

「どこへ行くんですか」

「もう何人くらい集まっているんですか」

「食事はどんな感じなんですか」

「ケータイはほんとに没収されるんですか」

質問は延々と続き口髭の運転手さんは適当にあしらいながらあたりさわりのない答えをしていた。同乗の者たちは、それぞれ名前もわからず担当科目もわからないながら目的地につくころにはキミ・ボクの仲になっていた。途中一度だけドライブインに止まった。車をおりるとすぐかみさんにケータイした。

「どこへ行くのかわからないんだけどさ、今、どっかのドライブインで休憩とっているんだ。スパイの機密基地へ行くような、なんともいえぬスリルの中にいるよ。ドライバーの人は運転がうまそうだから心配しなくていいぞ。あっちに着いたら一か月連絡できないけど、子どもと二人、元気にしとけよ」

「こっちは大丈夫だから、あなたこそ体に気をつけて、無理しないようにしてね。ずっと祈ってるから」

「サランへ（愛してるよ）」

「サランヘヨ（私もよ）」

ドライバーがそろそろ乗ってくれと合図しているのが目にはいり、電話を切って車のほうへと向かった。二人がわたしよりあとに走りながらやってきた。

「このあと道路が多少混むものと予想されますので、ちょっと時間の余裕をもって出発することにします。全員いらっしゃいましたよね」

ボンゴは滑るように動き出した。口髭の運転手は百点満点だった。高速道路を下りると繁華街に入ったり田舎道に出たりを繰り返しながら、いよいよ山道に入った。くねくねと折れ曲がった道だ。「そろそろ到着です」。口髭は言った。

貸切ホテルはまるで「刑務所」

ほどなくかなり大きなホテルに着いた。ドライブの時間は三時間ほどだった。ホテルの玄関に入ると、なんとなく見覚えのあるつくりだ。白い大理石の床をさらに奥のほうへ歩いていくうち思い出した。十年ほど前に家族三人で一度泊まったことのあるコンドだった。

ホテルではなくて大明(デミョン)コンドミニウムだった。このコンドは、収容人数が五百人を越えるはずだ。ここを一か月貸切りにしてスヌン問題の作成に使うわけだ。奥に入るとガードマンのような黒ずくめの男たちが五、六人立っている。入ってくる人たちからケータイと無線の可能なノートブックなどを没収している。出所するときに返してくれるものらしい。ものものしい雰囲気で一人一人から断固として没収しているので、「おれ一人くらいさっと外れて通過」というわけにもいかなかった。もっともそんな「不正」をやるつもりはまるでなかったけれど。

ケータイを没収されコンピュータのチェックを終えると部屋のカギが与えられた。十階の二十三号室。これからひと月、わたしを守ってくれる場所だ。よろしく頼むぜ。無意識のうちに声が出る。きれいに掃除されゴミ一つ落ちてなかった。冷蔵庫に水やジュースが入っていたが、結局出所するまで一つも手をつけなかった。お金がチャージされるのではなかったが、食事時間にたらふく飲み食いするので、部屋に来て間食する余裕がなかったのだった。

カーテンを引いて窓を開けようとしたが、カタリとも動かなかった。見ると、窓の上下四隅全部、目張りがしてあって開けられないようになっていた。大きいガラス窓の向こうにはスキー場が見えた。ジャンプすればスキー場のゲレンデに下り立てそうであったが、勿論そんなことは不可能だ。窓が開かないわけだから。「刑務所と同じだな」。おのずとそんな考えがわき、声に出して言ってみた。「刑務所と……」笑いがこみ上げてくる。わたしが配置された二十三号室のむこう両隣は、日本語科の教授たちだった。廊下をはさんで反対側はロシア語科の教授たちが配置されていた。

十階の二十七号室が日本語パートの会議室で、ここに十一時十五分ごろに集まって、それぞれ挨拶する。パート長はわたしを推薦してくれたイム教授。慶尚道(キョンサンド)のほうの大学からホン教授、天安からチェ教授と筆者。あとの残りはだいたいソウル圏の大学から来ていた。総勢七人。一人高校の日本語の教師がいた。高三生を現場で担当している人も必要なため作成委員として参画しているのだ。七人体制で問題を作っていく格好だ。簡単な挨拶を終えるとすぐ昼飯の時間だった。すでにお腹はぺこぺこだった。

豪華なビュッフェ——果物エクスタシーの崩壊

食堂は一階だった。一度に数百人が食事できるほどの広さがあった。一人一人が食器トレイにご飯やおかずを盛り込んでいくバイキングスタイルだ。有名な結婚式場のバイキング料理と比べてもなんの遜色もないくらい、それは豪華なメニューだった。カルビ、ブルコギ、ヂャプチェ、サシミ、サラダ……、うそ偽りなくありとあらゆるメニューがそろっていた。加えてデザートの果物は、梨、りんご、みかん、柿、ブドウ、パイナップル、マンゴ、イチゴ……と、これもないものがないくらい豊富だった。

わたしは果物には目がない。「うわっ、毎日これほどの果物が食い放題なのか！」スヌン作成、来てよかったぜ。腹がはちきれんばかりに果物を食った。勿論うまい。うますぎる。最後の一切れ二切れはやや無理やり押し込む格好だったけれど、果物をなんの気兼ねなく思う存分食べられたことで気分も上々だ。その勢いをかって問題作成にも熱入れて取り組めた。

二日目。メインディッシュを終え、いよいよデザートの番だ。きょうはきのう食べられなかったマンゴとイチゴをたらふく食べよう。取り皿にいっぱいマンゴ、イチゴ、さらにバナナ、梨などが積み上げられていた。なんておいしいんだ。このマンゴにイチゴに梨よ。大量の果物が胃袋の中へ入ってゆく。最後の一切れは力ずくで押し込まれた。限界だ。

ちょっと待てよ。たらふく食べたのに、一日目と違って満足感に酔ったような恍惚の気分にならない。これはどうしたことだ。好物の果物を気の済むまで食えたのにこの気だるい気分はなんだ。なんで一日目のような恍惚感にひたれないんだ。さらに言えば家で食べるようなあの果物を食べるときの独特の「おいしい感」がなぜ湧いてこないんだ。食べ終わった白い取り皿をぼーっと眺めていると、天井のほうから、「お金を出して惜しみながら食べることではじめて果物はうまいんだよ」というささやき声が聞こえてきたように思えた。いや、そんなことあるはずがない。果物というものは、いつなんどき、どういう形で食ったっておいしいに決まっている。お金出して買わないとおいしくないなんてあってたまるか。わたしの辞書には、果物は常においしいものと出ている。だがどうだ。三日目、四日目となって、あの天井からの声は、ますます真であることをわたしに突きつけてくるのだった。

そのころになるとメインディッシュを終えたあとのデザートの果物は、食べてもいいし食べなくてもいいし、という様相を呈していた。果物であればなんであれ、とにかく目がないおれではなかったか。味覚のネジが一本外れでもしたんじゃないのか。おれが本当にあのマサキか。とうてい納得はいかなかったけれど、おれがキグチマサキであることは、ばかばかしいくらい事実だった。ということは、どうなるんだ？　おれがおれであるためには、あの忌むべき天の声を受け入れるしかないんじゃないのか。お金を出して、もったいないと思いながら食ってはじめて、果物を食したときのあのエクスタシーが感じられるということなのか。

早くここから出たい……！

十一月に入ると、問題作成は完全に終了し、校正刷りのチェックなどをしながら出所までのカウントダウンにはいった。コンドの広い前庭は、臨時づくりの高い塀で取り囲まれてはいたが、塀の中で歩いたりジョギングしたりマラソンしたり座り込んで話したりしながら、各自思い思いに時間を過ごしている。塀の中ではあるが、自由に動けることがどれだけうれしいことかも、ここに来てはじめてわかったことである。

入所して一週間は、建物の中だけで過ごし、玄関の門は閉じられたまま。二週間めころに玄関の門が食事後三十分ほど開放されるようになり、メシを食ったあとはパートごと三々五々、散策できるようになった。笑わせられるのは、前庭全体が一挙に開放されたのではなくて、タテ・ヨコ二十メートルくらいだけが開放されたのだった。前庭全体が開放されるまで三段階くらいのステップがあったと思う。入所二十日目ごろだったろうか。限られた空間で過ごすことの鬱々とした重苦しさを知り、悪いことはできないなとマジメに考えたものだ。開放される時間も、空間と同じように次第に長くなっていったが、当然のことながら二十四時間すべてというまでにはならず、食事後の二、三時間ほどといったところ。問題を作り、集まって議論し、過去問とのダブりはないかと検討しているころはまだよかったが、問題がまとまり校正刷りのチェックも終わり、やることがなくなったころから、一日も早くここから出たい、脱出したいという考えしかなくなってしまった。

一人だけの時間だ。本読みしたり書き物したりと、もっと有効活用する手もあったのだろうけれど、情けないかな、十月の二十二、三日を過ぎたころから、この忌まわしい建物から出たいという気持ちしかなかったことを白状せざるをえない。

十一月一日、カウントダウン一日目だ。十一月二日、カウントダウン二日目。こうしてカウントダウン五日目。きょうがスヌン試験の当日だ。朝の食事のときから皆の顔が違っている。光々(こうごう)しい。「いよいよきょうだね」「ああ、きょうだ！」ことばに出さなくてもわかるというのはああいうときのことをいうのであろう。ある意味、人生を左右するほどの重要性をもったスヌン試験、受験生も親も緊張と恐怖、戦慄、絶望と安堵……あらゆる感情のルツボと化している試験会場。食事のときのニュースに映し出される市井の表情を見ながら、受験生の心情というものをチラとは感じたが、申し訳ないことに、そういう切実感とはうらはらに、スヌンの終わる午後六時ジャストにここから出られるというただそのことだけがわが頭脳を占領しているのだった。

スヌン作成に三回も来ているという教授がいた。慶尚道（キョンサンド）から来ていたホン教授だ。すごいことだ。二回や三回これをやったら、また別の境地に至るのかもしれないけれど、わたしの気持ちとしては、スヌン作成委員は金輪際やるものではないと肝に銘じた。

午後三時ごろからわれわれをこの獄舎から救ってくれるバスが到着しはじめた。五時から乗り込みがはじまった。どうせ六時の鐘が鳴らないと出発はしないのだが、皆われ先にとバスに乗り込むのだった。見合わせる顔ごと、満面の笑顔だ。笑顔の底に多少のうしろめたさ、恥ずかしさみたいなものが見て取れる。「お疲れさん。これで帰れるね」。こんな気持ちが一つ。「なにもこんなにもあわてて乗り込まなくてもいいのにね」「受験生そっちのけでこんなルンルンしていていいの?」こんな気持ちがすぐうしろにへばりついていたからだろう。

とまれ、わたしもバスに乗り込む。隣りは同じ天安から来たチェ教授。女性を口説く法、女性との対し方など、専門の日本語文法以外にも多方面に博識な人だった。帰りのバスは、チェさんの奇想天外な話にどっぷりつかりながら過ごせた。チェさんよ、ありがとう。一か月の獄舎生活をともにした全ての先生方、心よりありがとうのことばを差し上げたい。

二　ことばと文化
언어와 문화

名古屋に一年間留学して帰ってきた学生が言う。バイトで疲れてふらふらしながら家に帰ろうとすると、近くに居酒屋があった。「えみ」という暖簾をかきわけてなかに入ると、カウンターがあり、座ってチューハイを注文した。数日前に、先に来ていた先輩留学生から教えられて名前だけ知っていたものだ。韓国にはチューハイはない。

日本語の発音がちょっと変なところがあったのか、隣に座っていたちょっと年配のおじさんから「おお、君は留学生かい?」と言われ、「あ、はい、そうです。一か月前に名古屋に来ました」と答えた。するとそのおじさん、「そうかい。がんばってるね。そのチューハイ、おれがおごってやるよ」と言ってくれた。出てきたチューハイをそっと口に運び、飲もうするとき、無意識のうちに韓国式に相手のおじさんから顔をそらす方向にくるっと首を回転させて飲んだのだが、それを見ていたくだんのおじさん、かなり驚いて「ええ? なんだい、それ?」。

韓国では目上の人を敬う意味で酒とかたばこを嗜むとき、相手（目上の人）を正面から見るのではなく斜めを向くようなしぐさで嗜むのである。日本ではこのしぐさはしないということを頭ではわかっていたが、くだんの学生、おごってやるよと言われてちょっと緊張が走ったのかもしれない。完全に韓国スタイルで飲んだわけである。おじさんに説明すると、「そうかい。おもしろいもんだな。韓国ではそんなしぐさをするのか。なかなか見上げた習慣だけど、おれの前では、それ、やらなくていいぞ」と言いながら、大きくぽーんと肩を叩かれたそうだ。

ところ変われば品変わるで、日本国内だけでも地域がちがえば習わしもちがってくる。まして外国とくれば言うまでもないこと。ことばや文化、習慣などについて書こうとすればそれこそキリがないが、ここではとっておきの話を集めてみた。

1．「床屋事件」

地下一階、薄暗い床屋

わたしたちの新婚生活は、ソウルの始興洞(シフンドン)というところで出発した（一九八九年頃）。最寄りのバス停でバスを降りてから、伝統的な市場（在来市場という）の並ぶ道を八分ぐらい歩いていくとわが家があった。

バスを降りてまっすぐ家に帰る。はじめのころは寄り道をしたことがないから、周辺にどんな店があるか、何が売ってあるのかよくわからなかった。そんなある日、髪が伸びたので散髪することにした。バスを降りてもどこに床屋があるかわからなかったが、いつも歩いていく道沿いに床屋のマークのぐるぐる回る広告塔があるじゃないか。こんなところにあったのか。探さなくてもよかったので、わたしは喜んですぐさまその店に入った。

床屋といえば普通は一階にあるものだ。しかしそこは店が地下にあった。入り口から地下に続く階段を降りながらなんとなく「変だな」、とは思った。でもスーパーが地下にあることもけっこうあったので、それほど疑いの念はおこらなかった。

地下一階。

薄暗いなかに散髪の椅子が見えるのだが、ひとつひとつ間仕切りのようなもので仕切られていた。こりゃただの床屋ではないな、とそのときに思った。が、案内のおにいさんが「さあ、こちらへ」と強く手を引いて誘うのでそれに従うしかなかった。椅子に座って三十秒ぐらい待っていたろうか。そのあいだにも、ミニスカートのアガシ（お嬢さん）があっちこっちいったりきたりするのが見え、これはたいへんなことになったなと思った。

話では聞いたことがあった。「風俗的」なことを売り物にする床屋があるということだったが、まさに今わたしが座っている床屋がそれだったのだ。逃げよう、なんとかすぐ逃げよう。そう心に言いながらも行動が起らなかった。

と、男性がはさみを持ってわたしの後ろに立つ。散髪がはじまった。だまっているしかなかった。ヘアスタイルについてどんな注文を言ったのか覚えていない。それどころではなかった。どうやってここを逃げるか。それしか頭のなかになかったのだから。

散髪がいよいよおわりに近づいている。さあ、逃げるならいまだ。なんといって逃げようか。逃げたらはさみやナイフで脅されやしまいか。有り金を全部置いていけ、などと言われはしまいか。百ウォンでもわたしにとっては大切なお金だ。こんなところでむざむざ巻き上げられては男がすたる。さまざまの妄想をしていると、散髪をした男が何か言った。が、わたしはその韓国語が何と言っているのか聞き取れなかった。おそらく「さあ、次のコースにまいりましょうか」とでも言ったのだろう。なんとなく想像はできたが、わたしはとにかく逃げ出すことしか考えていなかった。男の声のタイミングに合わせるようにしてわたしはガバと跳ね起き、「テッスムニダ」と言った。つまり「いいです」「何も必要ないです」「大丈夫です」ということだ。言いながら五千ウォンだったと思うが、その金をやつの手にねじこむようにして押し込むなり、わたしは後ろも振り向かずいちもくさんに階段を上がって表に出た。

ひゅー。

なんとか助かった。金も巻き上げられずに済んだ。あのあと、どんなコースが準備されていたのか、今となっては知るよしもないが、後学のために知っておいてもよかったかなと、だいぶたってから思ったりもしたものだった。

あの日（といっても二十六年も前の話だが）、わたしが慌てふためいて帰ってくる姿に、かみさんは肝をつぶしたそうだ。わたしはといえば、片方の靴下はきちんと足にあったが、もう一方のほうは手に持っていたらしい。つまりあの床屋で靴下を脱がせるところまで進行していたということだ。そして足のマッサージか何かすることになっていたのだろう。そしてそれから……。いやこれはわたしの単なる妄想だったのかもしれない。散髪プラスマッサージのいたって健全な施設だったのかもしれない。

しかし重要なことは、わたしがフーゾク床屋だと認識したことであり、ミニスカートのアガシがわたしの視界のはずれのほうでそそくさと歩き去る物腰から判断するに、わたしの妄想はあながち外れてはいないだろうという確信があることである。純真なわたしは、声もふるえていたのかもしれない。顔はすっかり青ざめていたのかもしれない。

情けないといわれれば情けない格好ではあるが、こんな男もいるんだよという点では、声を大にして叫びたい気もする。「ばかな奴め」と多くの人は言うだろう。ばかだろうがなんだろうが、これでも教師の端くれとしてなんとかやれてるじゃないか。世渡りの裏表をほとんど知らない（世間ずれしていない）ナマの男の姿だと思ってご理解いただければ幸いである。

散髪、再挑戦

「床屋事件」から数か月間、あの床屋のあるシフンドンに住んでいたが、あれ以来一度もくだんの床屋に入らなかったことはいうまでもない。その後いくらも経たないうちに、縁あって四回ほどの面接試験のあと三星綜合研修院に職を得た。アパートも提供してくれるし、会社への出退勤は専用の乗用車での送り迎えという至れり尽くせりの待遇だった。

「アパートは二十七坪なら大丈夫ですかね」

「あ、はい、大丈夫ですよ」

サムスンの担当者と妻との電話でのやりとりである。シフンドンの五坪にも満たない部屋から急遽ソウル・江南（カンナム）の二十七坪のアパートに引っ越しすることになった。

「夢か幻か」とはまさにこういうことをいうのであろう。わたしはビザを新しく取ってこないといけないためすぐ日本へ飛び、その期間中に引っ越しその他の雑務はすべて妻がやってくれた。肉体的には大変だったけど、なにせ心が踊っているから、ルンルン気分で一点の落ち度もなく引っ越し完了となった。

二週間後、比較的早く取れたビザをもって、わたしは韓国に帰ってきた。金浦からリムジンでカンナムバスターミナルまで来て、そこからは歩いてわが家へ。新盤浦（シンバンポ）の韓信（ハンシン）アパート三三三棟。並木道が続く。目指す三三三棟が見えてくる。右も左もアパートで、道を行き交う人もまばらだ。車もゆっくりと走っている。ここがこれからオレの住むアパートか。「しっかりやれよ」とわたしの中のもう一人のわたしが言う。「わかったよ、しっかりやるさ」といいながら、もう一人のわたしは笑みをどうしてもとめることができない。こうしてわれわれのカンナム生活が始まったのである。

髪も伸びてきた。散髪しないといけない。床屋のくるくる回る回転灯はあちこちに見える。しかもここは韓国一の大都会・江南だ。へたしてフーゾク床屋に入ってしまう危険性はシフンドンの十倍もあるであろう。そこでわたしは考えた。ここは大事をとってかみさんを連れて床屋探しをしようと。「床屋ぐらい一人で行けるでしょ」と、かなり乗り気でない妻であったが、シフンドンでのあの「事件」以来、若干トラウマになってるんだとわが内部事情を説明すると、かみさんはしぶしぶいっしょに外に出てくれた。赤ちゃん以下の男だとあいそもなにも完全につかしてしまっていたはずだが、あなただけが頼りなんだというわたしの真剣な表情に押された格好で、そうした見下すような態度はミジンも見せることはなかった。
一、二軒物色したあと、外からも中の様子が全部見える大きなガラスドアのある店に入り、価格表にも目をやると、かみさん、ここはオーケーねと目で合図するなり、
「あとは一人で髪切って、一人で帰ってくるのよ」

と言って出て行くのだった。ミニスカートのアガシもいないし、ここは大丈夫だろうなどと考えながら、かみさんの後ろ姿を見るともなく見ていると、

「イリオセヨ（どうぞこちらへ）」

と店のオヤジが力強く声をかけてきた。わたしはどっかりと散髪用の椅子に沈みこんだ。安心感もあり、気分もよくてほとんど眠りこけているうちに散髪は終わった。七千ウォンだったかを払って「コマプスムニダ（ありがとう）」と言って店を出た。赤ちゃんのごとく妻に伴われて行った「床屋探し」の一件は、無事落着となった次第である。

いまはこうしたフーゾク的床屋さんはすっかりなくなってしまったことを、最後に付け加えておきたい。最近の学生らにこの話をしてやると、なんのことなのか皆目見当もつきません、といった風情なのだ。文化とは、変化してやまないものである。

2．食べ物

なべもの天国、韓国

キムチチゲ、テンジャンチゲ、メウンタン、……と韓国はなべもの天国である。大きななべをテーブルの中央において、みなでつついて食べる。スプーンで汁をすくって飲み、箸で具をつまんで食べる。取り箸というのは普通使わない。自分の箸とスプーンでそのまま食べる。自分の分がセグメントに分けられて出てくる日本のスタイルとちがって、こちらではみなでいっしょにつついて食べるのが一般的だ。

キムチチゲ

お寺では韓国の場合も、一人一人別々に御膳が出る仕組みになっているものの、一般の家庭では一人一人別々に盛り付けするということはしない。みんなでいっしょに一つなべを囲んで食べる。一人一人別々の日本スタイルに慣れている人からみると、すこし汚ない感じがするかもしれない。口に入れた箸でなべものをつまむわけだから、箸についた唾液がなべにしみるじゃないかというわけだ。

たしかに唾液はふんだんに入っているにちがいない。ときにはつばのようなものまで入るかもしれない。しかし韓国の人は、そういうこまかいことには気をつかわない。みんなでいっしょに、おれもおまえもいっしょに同じなべをつつく。ここのところが彼らにとってはとても重要なことなのである。食べるときは、みんないっしょ。ナベも同じもので、というのがベースとなる意識である。

乞食が物乞いでやってきても、いっしょに食事を与えてやるのがつい最近(といっても二、三十年前)までの常識であり風習であった。おおらかででっかい意識が見えはしまいか。

一人一人別々にとって食べるという姿は、韓国の人にとってはちょっとみみっちくてちまちましていて、セコイ姿に映るようだ。みんなで食べるというのが常識的意識だから、ある面では困ることもある。わたしは授業の関係などもあって、よく研究室で一人でかみさんの作ってくれた弁当を食べたりパンを食べたりすることがあるのだが、韓国人のかみさんはそれが非常に気に入らないのである。わたしとしては一人でゆっくり誰に気兼せずに食べられる研究室での一人食事は無上の喜びなのだが、かみさんの意識としては、職場で一人で食事するなんてのは、なんとみすぼらしく、かわいそうな姿なのかと思うようである。

ほんとうは毎日研究室で昼御飯をマイペースで食べたいのだが、かみさんの「命令」により週二回は難しい時間をなんとかやりくりして同僚と食べることにしている。しかしわたしは研究室で一人静かにゆっくりと食べたいというのが本音なのである。やはりどうしようもない日本人なのであろう。

愛のビビンパプ

日本では普通「ビビンパ」と呼ばれているが、本当はビビンパプ。「パ」の次に「プ」という音が小さくついている。これをパッチムというのだが、この概念はちょっと音韻論的に難しいのでここではこれくらいにとどめておく。「プ」という音と書いたが、これも本当は「P」という子音だ。あくまでも「プ＝PU」ではなく、「P」である。

韓流ブームのおかげで、最近はビビンパプを知らない日本の方はいないかもしれない。ご飯にいろいろの野菜や牛の挽き肉を入れ、目玉焼きを乗せてあとは韓国独特のコチュジャンをたっぷり入れてかき混ぜる。あ、そうそう、胡麻油もちょっぴり入れて。

ビビンパプ

スッカラク（スプーン）でまぶして食べるのだが、まぶしかたによって味も違ってくるといわれている。上手な人がかき混ぜれば見た目にもうまそうだし、実際食べてみてもおいしい。下手な人がやると、見た目もまずそうだが食べてみてもこれまた不思議とおいしくない。

結婚して数年間は、家でビビンパプを食べるときはいつもかみさんがかき混ぜてくれた。わたしのかき混ぜる様子があまりにも不器用に見えたらしい。パッと微笑みを見せたかと思うと、わたしの器をすっと持ち上げ、鮮やかな手並みでかき混ぜてくれるのだ。

スッカラクの持ち方も独特だ。親指と残り四本指でスッカラクをぎゅっとにぎる。このときもちろん小指側にスプーンの丸いアタマ部分が来るように持つ。野球でグラブを手にはめるとき、中指を抜いたり小指を抜いたりするのがよく見られるが、あれ式で、薬指と小指をスッカラクの下にもぐりこませ、これでスッカラクの角度をある程度自由に調節できるようにして力を込めてご飯をまぜる。

わたしの感覚としては、そんなに力を込めたらご飯つぶが潰れてしまうんじゃないのかと思えるのだが、ご飯つぶが潰れてぐじゃぐじゃになることはもちろんなくて、短時間でほどよい加減に野菜とコチュジャンとご飯が混ぜ合わさり、出来上がりとなる。ものの一分もかからないくらいだ。わたしがやると五分やってもうまく混ぜ合わせられない。

この愛のこもったビビンパプ。ご飯どんぶりに野菜とコチュジャンを入れてかき混ぜるだけなので、わたしはこの料理は簡単な料理だと考えていた。もうすこし言うと、いろんなおかずを作るのを省略するための一つの便法つまり手抜き料理（これは言い過ぎだが）と思っていた。

あるモイム（サークルなどの集い）で、「うちでよくビビンパプ食べてるよ」と言った。他の家でも休みの日などにはよく食べてるものと思って。ところがなんと女性連の言うには、「えぇっ！　あんなに手のかかるのをよく食べてるんですって！」ときたもんだ。

「うちもよ」といったこたえを想像していたわたしとしては、まったくもって驚きのこたえだった。ええっ？　ご飯に野菜だけ入れてかき混ぜるだけのあの料理の、どこが手の込んだ料理なんだ？　女性たちの言うには、ご飯はともかく野菜がたいへんなんだそうだ。

戦争中、逃げたり隠れたりと時間のないときに、大きな器にご飯さえあれば、あとは何でもぶっこんでコチュジャンでかき混ぜてパッと食べて逃げる。そのときの料理がビビンパプの起源だと聞いている。起源はそうかもしれないが、現代のビビンパプはまったく次元を異にしていたのである。

そういえばビビンパプに入る野菜は、にんじん、もやし、ほうれんそう、わらび、ぜんまいなどなど、五種類も六種類も入る。いざとなれば七種類くらい入るかもしれない。その一つ一つを、まず買ってきて、洗って手入れをして、フライパンで炒めて、とやるのは、女性にとってかなりの労働だろう。

一つの「便法料理」などとまで思っていたわが浅はかさに、思わず顔の赤くなるのを感じた。かみさんのことが、またひとつ好きになってしまったのは言うまでもない（のろけてスイマセン）。

麦／小麦

山形県と福島県にまたがる母なる山、吾妻山。わたしはその山形側のふもと、米沢市に生まれた。典型的な田舎町である。百年前、イギリスの女流作家イザベラ・バードによってエデンの園、またアルカディアと記述された米沢盆地は、自然の美しさが際立っているのだろう。ふるさとをアルカディアつまり理想郷と言われて気分の悪いはずもないが、バードが米沢の何を見てアルカディアといったのか、どのアングルからどこを見てエデンの園と言ったのか、わかりかねるというのが率直な筆者の思いである。というのは、吾妻山のふもとに立って眺めると、遠く月山や朝日連峰が望めるということはあるものの、北に向かって置賜盆地がえんえんと続いているだけで何もないからである。

わたしは自他共に認める田舎者である。このイナカモノのわたしが、恥ずかしいことに「小麦」と「麦」の区別ができないのである。決して都会ビトぶっているわけではない。小麦と麦つまり小麦と大麦との区別がつかないのである。いや、さらに言うと、実は、小麦と大麦は同じものだと思っていたくらいだ。田植えを手伝ったり収穫を手伝ったりして、稲はよく見て知っているが、わが家で麦や小麦を栽培していなかったことが、小麦と大麦を区別できないいちばん大きな理由かもしれない。

あるいはこんなことも原因しているかもしれないと、わたしは密かに思ったりしている。つまり、大雨といい小雨という。大雪といい小雪という。大は小をかねるなどという慣用句もある。こうした一連の連想から、小麦と大麦というのは本質は同じだけれど、なんかどこかの部分のちょっとしたちがいで大麦といい小麦という。それくらいのものだと思っていた。つまり大麦と小麦は「だいたい」同じものだと思って三十数年生きてきたわけである。

三十をちょっと回ったころ、縁あってこちら韓国の女性と結婚し韓国に住むようになった。

当然ながらことばができなければ生活していくことができないわけで、必然的に韓国語の勉強はかなり一生懸命にしたものだ。三十を過ぎて勉強するということが、なんとなくうれしく誇らしくさえあった。しかし十代のころの記憶力はのぞむべくもないということもすぐにわかった。記憶力は落ちているが根気やねばりはガキのころより増しているようだ。メンタルでいくよりはフィジカルでやっていこう。強くそう決意したことを覚えている。

ことばの勉強には歌もかなりの力を発揮するものだ。「ボリバッ（보리밭）」という歌がある。「ボリバッ」は「麦畑」という意味。日本にたとえるなら「赤トンボ」とか「朧月夜」のように誰でも知っている有名な歌である。テレビからこの「ボリバッ」の歌が流れてきた。たまたまそのとき手にとって見ていた雑誌の裏表紙に、全面広告で麦畑とおぼしき青い草原が写っていた。かみさんに話しかけてみた。

「〝ボリバッ〟だね。抒情的でいい歌だね。ところでこの写真、見てみなよ。これボリバッだろ?」

「あら、これはボリ（麦）じゃなくてミル

小麦（左）と大麦（右）

「ミルっていうと、ミルカル（小麦粉）のミル？」

「そう、ミルカルのミルよ」

「ボリ（麦）とミルって、ちがうものなんだったんか？　日本語では麦と小麦っていうから、同じもんだと思ってたんだよ、おれ」

「あなた、田園王子なんていってたんじゃなかった？　田舎で育ったんじゃなかったの？」

「そうだよ。生粋の田舎者なんだけど、麦と小麦っていうのは、よくわからないんだよな。それにしても君はすごいね。慶州市内なのに麦と小麦を写真を見ただけで区別できるとはねえ」

「麦も小麦も学校に行く途中の畑にたくさんあったから、よく見てたもの。ほら、口の中で長く噛んでいるとガムみたいになるじゃない。あれがミル（小麦）よ」

それは見たことがあった。村の五、六歳年上の先輩の子が、「お前もくってみるか」といって自分がくちゃくちゃ噛んでいたのをわたしにくれようとしたことがあった。とりあえずそれは遠慮しておいたが、あれがミルつまり小麦だったわけか。

「ああ、それは見たことあるな」

「そう、それがミル。ボリはいくら噛んでいてもガムにはならないの」

いやあ、よく知ってるわ。なんでそういうことを詳しく知っているのだろうか。生粋の田舎者たるわたしがそういうことを教えてあげないといけないのに、逆に都会の子から教えられているのだ。（慶州もいちおう都会だ。新羅時代には首都だったんだもの。）なんとも気恥ずかしいというか、大失態をやらかしているような気持ちだった。

それにしても、このときの体験は不思議かつ狐につつまれたような感覚だった。それまで三十数年、麦も小麦も同じものだと「漠然」と思ってきていたものが、実はそうではなかったのだ。ちょっと大げさな言い方をすれば、パラダイムシフトを余儀なくされた格好なわけだ。これは韓国語のおかげといっていい。韓国語で話すことによって、麦と小麦のちがいをはっきりと認識するにいたったのである。

麦と小麦は、韓国語ではボリとミル。完全に別々の名前がついている。だからこれら二つは別のものだと認識しやすいわけである。ただし、麦（大麦）と小麦が別物であるということはわかったが、青々と茂る麦と小麦の写真を見て、これが麦、これが小麦と区別することは今もできないままである。

マツノミは、まつぼっくりの中に？

こういった勘違い、錯覚についてあげていったらきりがないかもしれない。わたしは小六まで「たとえば」という語を「はとえば」だと思い、またそう使っていた。「もみじ」という学校唱歌があるけれど、歌詞の中の「秋の夕日にテルヤマモミジ」の部分を「秋の夕日に照山もみじ」つまり「照山」という山のもみじのことだと思っていた。「秋の夕日に照っている、そういう山の紅葉」というのが本来の意味であろう。ちょっと大きくなって社会に出て会った友人の中に、ソウル歌手のことを、韓国の首都ソウル出身、あるいはソウルで活躍している歌手のことだと思っていたやつがいた。もっともこれは多少レベルの高い内容といえるかもしれない。ソウル歌手のソウルは、「soul」だし、首都ソウルは「Seoul」と表記する。「e」があるかないかのビミョーなちがいだ。

韓国に来てはじめて知ったことの中では、ごま油に二種類あるということもある。チャムギルムとトゥルギルムである。辞書を引いてみると、チャムギルムは「ごま油」と出ているし、トゥルギルムは「エゴマ油」と出ている。ごま油しか見たことのなかったわたしは、ごま油に二種類あるのをみて驚いたものだ。トゥルギルムのほうが少し安いが、こちらのほうに、健康に良いオメガ3脂肪酸がたくさん含まれているということで、我が家ではチャムギルムにトゥルギルムを混ぜて、サンギョプサル（豚の三枚肉）を焼いて食べるときに使っている。

こうした勘違いの類いの最高峰が、松と松の実に関するお話である。

前述したようにわたしは「田園王子」である。

松林の中に行けば、いたずら小僧たちがまつぼっくりを拾って戦争ごっこをやったものだ。これは当たるとけっこう痛いので、投げるのも必死だったが当たらないように逃げるのも必死だった。ひとくさり戦争ごっこをやったあとで、まつぼっくり分解作業に入る。

「マツノミってのは、このまつぼっくりの中にあるのかな？」

わたしは、いっしょに遊んだ友だちに聞いてみた。友だちは皆、「マツノミ」って何だい？という。マツノミなんて聞いたことがないという。でもわたしはマツノミを食べたことがあった。祖母が生菓子というものが大好きで、とくに「角屋（すみや）」の生菓子がお気に入りだった。親父やおふくろが市内に何かの用事で行くことがあれば、たいていいつも角屋の生菓子を買ってくるのだった。角屋という店は、伝統のある和菓子屋であったが、新しい企画の生菓子もよく開発していた。うばたまという祖母の若かりし頃からある長寿の菓子がある一方、名前はわからないが新しい試みの生菓子をいつも一、二種類陳列していた。先日おふくろが買って来た生菓子のてっぺんに、ちょこんと五つ小さな白っぽいものが載っていたのだが、それがマツノミだった。菓子の名前は題して「マツノミヤグラ」。新たに開発された企画商品だった。角屋の和菓子には一つ一つ名前がついているのだった。

マツノミ

「このてっぺんに載ってる白っぽいのがマツノミっていうの？」
「んだ。これがマツノミっていうんだよ。んまいべ」
祖母が言った。「んまいべ」というのは、おいしいだろうという意味である。わたしの口にはおいしいもおいしくないもなかった。ほとんど味というものがしなかったから。でもなんとなく香ばしく、気品の高い感じはした。

マツノミっていうくらいだから、きっと松に生(な)るものであろう。友だちと遊んでいるときに、いきなり生菓子の上に載っていたマツノミのことが思いうかび、ことばにしてみたのであった。まつぼっくりを分解してみたのだが、マツノミらしきものはただの一個も出てこなかった。一つでも出てきてくれればしめたものなんだが。とにかく食い物にありつけるかもしれないという思いから、友だち連中も必死の形相でまつぼっくり分解作業をするのだが、誰一人としてマツノミにありつけたものはなかった。

サンファ茶で、再会

その後十年、二十年、マツノミのことなど完全に忘れて暮らしていた。日本ではマツノミをそれほど食べないから（わたしだけの認識かも）、日本で暮らすなかでは、ふるさとでのあのマツノミヤグラのマツノミが、最初で最後ではなかったかと思う。東京で十年ほど暮らす間は、マツノミなるものにお目にかかったことはたぶんなかった。

韓国では、コーヒー、お茶のほか、多種多様な「茶」がある。ユヂャチャ（柚子茶）、ユルム茶、オミヂャチャ（五味子茶）、メシルチャ（梅実茶）、グギチャ（枸杞茶）、などなど。何種類あるかわからないくらい、茶の種類は豊富だ。中でも韓国らしくておいしいのがサンファ茶だ。

色は全体的に黒っぽくて、生卵と小さなナッツ類の入るのが特徴だ。

昔はタバンという韓国式喫茶店に行けばこのサンファ茶が飲めたが、最近はこのタバンというものがほとんどなくなってしまい、サンファ茶を飲める機会が少なくなってしまった。タバンというのは実は漢字で書くと茶房という字となり、日本語的には高級感のあることばなのだが、韓国でタバンといえば、旧式の(ダサい)喫茶店というイメージだ。一般の喫茶店はコーヒー類しかおいてなくて、伝統茶専門の高級喫茶店にでもいかないと今はサンファ茶は飲めない。ちょっと漢方薬的なにおいがするので漢方系のにおいが好きでない人にはお勧めではない。このサンファ茶に必ず入るのが今書いたように生卵とナッツ類で、マツノミは必須。

ずっと以前、慶州市内のタバンにかみさんと二人で入った。「何にしようか?」とかみさんがいう。「そうだね。韓国的なお茶がいいな。なんかある?」「それならサンファ茶がいいわ」。サンファ茶が運ばれてきた。黒い手作りの焼き物のカップに黒い液体が揺れている。「これがサンファ茶よ」というとかみさんは、にっこりと微笑み、じっとわたしを見つめる。

サンファ茶とはじめて対面するわたしの反応を一つも漏れることなく確かめようとするかのように。茶碗の七分目ほどまで満たされている。黒っぽい液体の上にいろいろのものが浮かんでいる。ナツメの皮を細かく切ったもの、ナッツ類のいくつかといっしょにマツノミが五、六個見えた。二十年ぶりに見るマツノミであったが、それがマツノミであることはわたしには即座にわかった。サンファ茶といっしょに口にふくんでみた。甘くてほろ苦い味が印象的だった。

マツノミをかじってみる。味はない。といったら嘘になるか。あるかないかわからないくらいほのかな味とでも形容すればいいだろうか。ただ、爽やかだなと感じさせるかすかなフレーバーがあった。懐かしい思い出がサンファ茶とともにわたしの五臓六腑に広がっていった。

「サンファ茶、どう？　お気に召して？　ちょっとクスリみたいで、苦味があるでしょ？」

「いや、うまい。こくがあってほんとおいしいよ。もともと漢方薬っぽい味は、おれ、好きなんだよな。茶の味もいいけど、これがダントツ気に入ったな」

言いながらわたしはマツノミを舌の上で転がしてみせた。約二十年ぶりに見るマツノミであること、子どものころまつぼっくりを投げ合って遊んだこと、まつぼっくりを分解してその中からマツノミを取り出そうとしたことなどを話してあげた。すると彼女は言うのだった。

「あら、まつぼっくりの中にマツノミはないはずよ。これ（マツノミ）は〝ヂャッ〟っていって、ヂャンナムっていう木が別にあってそれになるんだと思う。植物はあんまり詳しくないからはっきりとはわからないんだけれど……」

このときはじめて、マツノミは松の子ども、つまりまつぼっくりの中にできるものではないこと、マツノミができる木が他にあることをわたしは知ったのだった。

二十年後の真実――マツノミは「ヂャッ」の実！

何十年もの間解けないでいた疑問が解ける瞬間というのは、非常に刺激的である。何百年にもわたって解かれずにいた数学の大問題、たとえばフェルマーの最終定理が、イギリスのワイルズによってとうとう解かれたというニュースが一九九五年ごろ全世界を駆けめぐったことがあった。このときのワイルズの喜びというのは、いかほど大きいものか想像するも困難だし、その喜びとわたしのマツノミの問題解決の喜びなんて比ぶべくもないが、このときの喜び（というよりシゲキといったほうが近い）は、少なくともわたしの中にあってはフェルマーの最終定理より重要であることは疑いの余地がなかった。

「そうか、それは〝ヂャッ〟っていうんだ。ヂャンナムっていう木の実なんだね」

わたしは二十年の長きにわたり一日も休まずにずっと考え続けてきた数学の難問をついに解いたぞといった錯覚に身を任せながら、ぼそっとそうつぶやくのだった。

五葉松

マツノミは韓国語では「잣」と書いて「ヂャッ」と発音する。その親木は「잣나무」という木だ。「ヂャンナム」という発音になる。ヂャンナムを辞書で引くと五葉松あるいは朝鮮五葉となっている。五葉松？　ゴヨウマツ。聞いたことはある。これも実は「御用松」という表記で示される松だと勘違いしていたのだが……。つまり皇室に収める松といった意味で。勘違いばかり露呈してしま

い、はなはだ恐縮であるが、この稿は勘違いオンパレードの稿と理解していただいてご容赦を願う次第だ。

「ゴヨウマツ」が「御用松」じゃなくて「五葉松」と表記される松であるならどういうことになるのだろう。ネットにはいって調べてみた。針のような葉が五つ集まって一つの単位になっているゆえ「五葉松」というのだそうだ。この五葉松の原産地が韓国であり、五葉松の実つまりマツノミ（ヂャッ）は大部分日本へ輸出されているといったようなことが書いてあった。

五葉松の原産地は韓国だったのか。これもちょっとした驚きだった。だからこちら韓国では、どこを歩いてもヂャンナムつまり五葉松を見ることができるのだ。ずっと松だとばかり思っていたのだけれど、あれは松ではなくて五葉松っていう別の種類だったんだ。普通の松の木も多いが、五葉松の木もかなり多い。韓国が原産地なんだものと、深く納得したことだった。

麦と小麦は、わたしの不注意（というか思慮不足）のせいで同じものだと勘違いしていたのだけれど、韓国語のボリとミルということばと出会うことによってはっきりと二つは違うもの、別物であることを認識できるようになった。松と松の実も、韓国語と接することでその正体をはっきりと認識できるようになった。

マツノミ（ヂャッ）は、五葉松の実であって、松の子どもではない。松の子どもはまつぼっくり（ソルバンウル）であり、これの中にはマツノミはない。松の実などと松の木にできる実のように表記されるから日本語だけの視点では勘違いしやすい。かといって決して日本語に不満を抱いているわけではないけれど、韓国語の支えがあってはじめてわたしは、まともな認識が可能となった。つまりマイナスの地点からやっとゼロ地点あたりにたどり着くことができたといえるかもしれない。外国語の効用というものも確かにあるものだなと感じる。

皆さんはいかがですか。マツノミを松の木にできる実と思ってらした方は、ご注意のほど。他にもいろんな勘違いがあるかもしれませんよ。

3. ことば

暴言「ヨク」

韓国語で「욕」という語がある。これは「ヨク」と発音する。日本語で言えば「てめえ」「あほ」「おたんこなす」など、相手を罵り悪様(あしざま)に言う言葉のことである。問題はこういうことばたちをひとくくりで表わす単語が日本語にはないということだ。

そもそも「ばか」とか「あほ」ということばの分類そのものを表わす単語が、日本語にあるんだろうか。

言語学を生業としている小生であるが、はずかしながらそれに該当する語をわたしは知らない。罵詈雑言ということばがあるけれど、「ヨク」に近いと言えばこれがいちばん近いということになるだろうけど、どんぴしゃり同じということにはならない。けど、罵詈雑言と捉えていただければ、九十三パーセントくらいはＯＫだろう。

わたしは韓国生活が二十七年を越えようとしているが、韓国語のヨクについてはその一部しか知らない。日本語の「チェッ」にあたることばだけでも十個くらいはあるんじゃないだろうか。たいていは性や性器（それも女性性器）に関連するものが多いということだ。韓国語というものを学問的に研究する言語学者も多いが、そのなかには韓国語のヨクを専門的に研究している学者もいるという。ヨク専門の学会が韓国には存在するらしい。

わが娘は、父さん（わたし）が韓国語のヨクを言わないから好きだという。わたしは知らないから出せないだけなのであるが。母親（韓国人）に叱られるときは、ヨクを浴びながら叱られるからかなりの痛手のようである。ダメージは二、三日続く。いいのか悪いのかわからないが、わたしの場合には知らないがために点数をかせいでいるようだ。

友だちと会ったとき、特に男子高校生あたりは、うれしさを表わすために互いにヨクを言い合うことも多い。この前何かのドラマを見ていたら五、六人の学生らが朝教室で顔を合わせる場面があった。このときの演出がふるっていた。学生らが何らかのスジの通った話をするのではなく、ヨクだけで数分間構成されていたのである。これには驚きだった。ヨクだけで成立する会話が、逆に深い親密さを表しているのである。

喧嘩にも、呪いにも、叱られるときにも、情の通い合いにも使われるヨク。韓国語のヨクは生活の潤滑油として使われる側面が多分にある。交通事故の現場での言い争いや、大の大人が喧嘩する場面でもヨクの言い合いっこをしながら、逆にお互いの興奮を冷ます働きもあるようだ。ことばは烈しいがお互い手や足の暴力ではなくヨクをぶつけ合うことで、さらに大きな争いを予防する格好にもなっている。韓国語からヨクを取ってしまったら、彼らは一言もしゃべれなくなってしまうだろう。

ロシア語もヨクの多い言語として有名だそうだ。ゴーリキーがロシア語のヨクの多さを絶賛したという話もあるらしい。親しい同僚のロシア語教師、ヂョン・ソング教授（韓国人）に聞いてみた。ロシア語の博士であるからロシア語のヨクなどはさぞかし知っているだろうと思って聞いてみたのである。彼の言うにはほとんど知らないという。モスクワで七、八年勉強し、現地で言語学の博士号（ロシア語）を取ってきた人であるが、ロシア語のヨクは知らないそうだ。子どもの頃から現地に住んでネイティブとしてマスターしない限り、その言語のヨクは覚えられないものであるということをこのときはじめて知った。

英語でも韓国語でも、ことばを学ぶという立場からすれば、どんな単語でも学びたいし覚えたいものだ。子どもが知っていて大人のおれが知らないという図式がどうにもがまんできないわけである。

これはわたし一人に限ったことではないと思う。誰だって学ぶ以上は「子ども」よりは上になりたいはずだ。スポーツやピアノやコンピュータといった技術・芸術系のものは、学べば子ども以上にはなる。が、ことばに限っていうと、頭が固まった大人になってからいくら学んでも決して子ども以上にはなれない。博士号を取ったとしても子ども以上にはなれない。そういう厳しい現実がことばの世界にはある。

もちろん勉強さえすれば、理屈を捏ねくり回し論文を書き、博士号を取って専門家として一人前にやっていくことはできるから、それほど悲観すべきものでもない。けれどヨクをどれくらい知ってるのか、ことわざをどの程度知っているのか、擬声語・擬態語をどれほど知っているのかということばの奥深さの点になると、相手が子どもでも勝ち目はない。そのことが肚の底から納得できたとき、その言語の専門家としての第一歩が踏めたと言えるのかもしれない。

言い間違いが福を呼ぶ!?——「アンニョンヒ　ヂュグシプシオ」

わたしたちが結婚した一九八八年のころは、日本と韓国の間での結婚はそれほど多くはなかった。今でこそ外国人と結婚する韓国の人はそれほど珍しくはなくなってしまったが、当時はけっこう珍しい部類に属していた。

ハン・ドンスさんと佐藤よし子さん夫妻とちょっと親身に話したのは、慶州(キョンヂュ)でのある音楽会でのことだった。

宮廷音楽のような厳かな音楽が終わり、休憩時間となった。ロビーのベンチに座っていたわたしら夫婦に「コッピー・ハンヂャン・オッテヨ(コーヒー一杯、いかがですか)」と言いながらコーヒーを勧めてくれる人があった。人懐っこそうな顔をしたハン・ドンスさんである。

ハンさんは、うちのかみさんの通っている教会と同じ教会に最近通い始めて、互いに顔はちょっと知っている間柄だった。ハンさんのすすめるコーヒーをいただき、「カムサハムニダ」とわたしは言った。「韓国語、お上手ですね」と言いながらハンさんは、ぶあーっと韓国語でまくし立てるのだが、わたしは「ヂャル　ハムニダ（お上手ですね）」くらいまでは聞き取れたのだけれど、それ以上は無理でただ笑顔をたたえるしかない。よし子さんも同じくらいの韓国語の実力のようだ。必然的にだんだんハンさんとうちのかみさんの二人の会話になっていった。話の終わりごろ、二人とも爆笑し、ほどなく休憩時間の終わりを知らせるブザーが鳴り、われわれもまた会場のほうへ入っていった。

家に帰ってから聞いたところによると、ハンさんの家族は日本人のヨメさんが気に入らないのだった。日帝時代に、本人あるいは家族などが手痛い目に遭っているような場合は、当然日本人に対する感情は推して知るべしである。ハンさんの家族もそういう立場の人たちなのであろう。特にハンさんの父親が日本人のヨメさんが気に入らないらしく、日本人のヨメさんつまりよし子さんが覚えたての韓国語でいくらやさしく挨拶しても、きちんと挨拶も返してくれないほど、日本人に対するおぼえは芳しくなかった。

そんなある日、一日の日課も終え、テレビも見終わって、その日もふだんと同じように挨拶をした。寝る前の挨拶は、「アンニョンヒ　ヂュムシプシオ（おやすみなさい）」である。が、この日、よし子さんはあろうことか、

「アンニョンヒ　ヂュグ、シプシオ」

と言ってしまったのである。

ご存知のように「アンニョンヒ」は「安寧に」とか「安楽に」とか「健康に」といった意味である。本来言うべき「ヂュムシプシオ」は、「おやすみなさい」の意味であり、したがって「アンニョンヒ　ヂュムシプシオ」はそのまま直訳すると「安寧におやすみください」といった意味となる。ところでこの日よし子さんが言った「ヂュグ、シプシオ」は、なにあろう「死んでください」という意味。そんなばかな。自分をこれほど嫌っている人（夫の父親）に向かって「死んでください」だと！

ものごとは、一線を越えてしまうととんでもないことになってしまうことも勿論あるけれど、笑いを伴うものとなることもままある。このときのよし子さんのセリフ「死んでください」はまさに後者の例。

「ヂュムシプシオ」と「ヂュグシプシオ」。日本人でもカタカナ表記を見てすぐちがいのわかる人は少ないかもしれない。それくらい二つは似ている。「ム」と「グ」だけの違いだ。しかも単語の中間ほどに位置しているから、違いがそれほどクローズアップされない。韓国語覚えたてのよし子さんにとっては、間違いにすぐ気がつかないほどの微妙な差だ。

しかし意味は天と地ほどの差。あまりにもあきれはて、二の句が継げずにいる義理の父。きょとんとしているよし子さん。次の瞬間この義理の父が堪えきれずに大きな笑いをぶちかましてその場は丸く収まり、あれだけ嫌いで挨拶の受け答えもまともにやらなかった人が、この日を境にすっかりうちとけてしまったということであった。

「死んでください」というとんでもないことばが、逆に貴重な潤滑剤になったという信じがたい話であった。信じがたいが実話なのである。人間喜劇、たしかにそんなこともあるかもしれないなと納得し、それにしても「死んでください」はすごいことだ。かげながらではあるが、よし子さんに盛大な拍手を送ったことはいうまでもない。あのお父さんも今は旅立ってしまったけれど、ハンさんご夫妻、現在も仲むつまじく暮らしているようである。「アンニョンヒ　ヂュグシプシオ」まで、「琴瑟相和す」でお過ごしください。

メミはメミ

ある晩、かみさんと二人、晩メシを食っていた。きのうおとといまで暑い暑いと言っていたのに、きょうは暑いの声が出ていないのに気づいた。朝晩はそよそよと秋風の吹く季節になっていたのだ。天安のデリムアパートの周りは緑地で、松や桜や五葉松などいろいろの木が生い茂っている。

しばらく話していて、わずかの沈黙のときが訪れた。ふと耳をすましてみると、いろいろな音が聞こえてくるのだった。車の騒音に混じって「かなかな、かなかな」と軽やかで澄んだ涼しげな鳴き声が聞こえてきた。

「今、かなかな、かなかな、って鳴いてるのいるだろう？　あれ、なんていうの？」

「あれは、メミよ」

「だから、そのメミの中のなんていう種類かってことさ」

「そんなの知らないわよ。メミはメミよ」

かみさんはあっけらかんとしたものだ。あれはメミであって、メミ以外のなにものでもない。なのになんでそう、未練がましくあたしを眺めているのよ。ことばには出さないが、目がそう語っている。メミとは蝉のことだ。

でもあれは「かなかなゼミ」だぞ。いや、「ひぐらし」とも言うか。おれは蝉の専門家じゃねえけんど、それくらいは知ってるぜ。いや、日本人だったらそれくらいは誰でも知ってるはずだ。なにも特別なこっちゃない。ごく当たり前のことだ。

ひぐらし。考えてみれば実に美しいことばじゃないか。源氏物語のある巻にそんな題名があったんじゃなかったっけ？　あ、あれは、うつせみだったか。いずれにしても日本列島に住む人々は千年前、二千年前から自然に生きる小さな生きものたちに美しい名前を与え、愛で慈しんできているわけだ。

ひぐらしの鳴き声に混じって雑草の中で鳴いている虫たちの声も聞こえてくる。すいっちょ、すいっちょと鳴く「すいっちょ」。またあれは、ころころ、ころころと鳴くコオロギ。夏の終わりごろから秋にかけて虫たちはいっしょうけんめいに鳴く。いつもこの時期、わたしの脳裏には「虫のこえ」という四つの文字が浮かび、それはすぐに半紙の上に書かれた「虫のこえ」の画像となり、習字の先生のおもかげとなったかと思うと即、赤ちゃん膨張論へとアウフヘーベンされる。赤ちゃんというのはこの世に生まれた瞬間にわずかながら膨張するのだという説。尊敬する習字の先生の教えである。

コオロギもスズムシも、単なる「ムシ」？

それは、ここ天安にくる前で、ソウルの江南(カンナム)に住んでいたころだ。歌手PSY(サイ)の「江南スタイル」のあの江南だ。江南といってもそのころはアパートのすぐそばに雑木林があり、虫や蝉たちの天国だった。いつからともなく秋風が吹きはじめたころ、かみさんに聞いてみた。

「ほら、ころころ、ころころころって鳴いている声、聞こえるだろう。あれ、韓国語でなんていうんだい？」

「あれは、ボルレよボルレ」と彼女。

「いや、だから、ボルレの中のなにかって聞いてるんだけどさ」

ボルレというのは「虫」という意味だ。虫は虫なんだけど、虫の中の何かが知りたいわけだった、わたしとしては。つまりコオロギを韓国語でなんというかということ。

辞書を引けよという声が聞こえてきそうだが、こういう時は辞書を引くより聞いたほうが早い。聞いて解決すればそれにこしたことはない。三歳、四歳の子どもが身の回りのすべてのことについて質問する。ちょうどあれと同じ欲求と思ってもらえばよい。いわば三歳児現象といったところか。かみさんは、あれはボルレであって名前なんかはないという。

こうなると、これ以上質問するのは危険だ。三歳児なら、それでもまだかわいいということがあるが、よわい三十、四十のおじさんが、しょうこりもなく根掘り葉掘りと聞いたところで、あめ玉がもらえるわけでも、頭をなでなでしてもらえるわけでもない。彼女の活火山が爆発しないだけでも多とせねばならない。

今（ここ天安で）、かみさんと晩メシを食いながら蝉の話をしている。しかしどうも「蝉」以上のことは聞き出せそうにない雰囲気だ。ひぐらしもつくつくぼうしもアブラゼミもニイニイゼミも、十把一絡げに「メミ」であるらしい。

「メミよ、メミ」……言われてみれば、こちら韓国では、小さい虫たちに対する関心は大きくないようだ。イナゴもバッタも全部「メトゥギ（イナゴ）」というし、アブラゼミもひぐらしもメミだ。コオロギもマツムシもスズムシもボルレだ。

全部が全部そうじゃないし、生物学者は一つ一つ蝉を区別することは当然のことだ。たとえば蚊とぶよは区別するし、蝿とアブも区別する。さらに「하루살이」という美しい名前をもった虫もいる。これは「ハルサリ」と発音し、そのまま訳せば「一日生きること」「一日の命」といった意味だ。「ハルサリ」。美しいひびきではないか。日本語ではかげろうとなる。

このようにこちら韓国だって、専門家なら一つ一つ区別するし、ハルサリという美しい名前をもった虫もいるが、その道のプロでなく素人の、子どもから大人までのごく一般的なレベルについて、ここでは言及しようとしている。虫についての小さな言及ではあるが、これがけっこう文化とか文学にもつながっていたりして、虫けらをひねりつぶすように無視することはできないものともいえるのである。一寸の虫にも五分の魂というではないか。

よく見て慈しむこと——大和ダマシイ

万葉の昔から、極東の島に住む人々は、自然を愛で、小さきものたちにそこはかとない情を注いできた。

東の野に炎の立つ見えてかへり見すれば月傾きぬ（柿本人麿、万葉集巻一の四十八番）

これほど素朴で雄大な歌がほかにあろうか。
また、新古今集の三夕の和歌と言われる歌の一つ、藤原定家の、

見渡せば花も紅葉もなかりけり　浦の苫屋の秋の夕暮れ

目の前の風景を淡々と歌いながらも、秋の夕暮れのものがなしさや静かさの中に、自然に対

する愛と畏敬の念をわたしは感じるのである。

世界最古の長編小説と評される源氏物語にも、季節や小さきものに対するこまやかな心遣いは生きている。「野分」「夕顔」「蜻蛉」などの巻の題名にそれはうかがい知ることができよう。

しかしなんといっても、この面では枕草子の右に出るものはないものと思われる。「春はあけぼの、夏は夜、秋は夕暮れ、冬はつとめて」と喝破した千年前の大和撫子のセンスには、すごいとかすばらしいといった平板な賛辞よりは、おそろしいとか畏れといった気持ちを感じてしまうのはわたしだけだろうか。

雀の子　そこのけそこのけ　御馬(おうま)が通る
やれ打つな　蝿が手をする　足をする

と詠んだユーモアの大家小林一茶。小さきものへのまなざしは、幼な子のように澄み切っている。そしてこの人だけは絶対忘れてはならないと思うのは、

秋深き　隣は何をする人ぞ
古池や蛙飛びこむ水の音

と詠んだ松尾芭蕉。たぶん芭蕉の高みあるいは深みというものを、恥ずかしながら筆者はそれほどわかってはいないような気がしている。ここに取り上げた二つの句も、なんとなくジーンときていいな、といったレベルの認識しかない。ただ「隣は何をする人ぞ」は、単に俗人趣味からそう詠んだのではないだろうし、「水の音」も、かえるが飛び込んでチャポーンとなった水の音それだけを詠み込もうとしたのではないだろうことくらいは、うすうすとはわかる。

極東の島国に細々と暮らす人々は、古来、マツムシ、スズムシ、ヤンマ、ヤゴと、小さな虫たちに名前を与えいつしんできた。野分、木枯し、春一番、冬将軍と、風にも名前を与え、いっぽうでは畏れながらも季節を楽しみ、愛を育んできたのである。花見などという美しい風習、美しいことばをもった文化が、他にあるだろうか。虫のこえを聞き分けたり花見をしたり遊山したりする心情はけっこうたくさんもっているようで、女性的な繊細な感性がふつうより多いのかもしれない。とまれ、われわれ極東の島国民族は、女性性に恵まれた血が流れているもののようである。とても誇らしいことだと思う。

地球全体がますます機械的になりディジタル化されていくだろうことは間違いない。その大きな流れは変えようもないけれど、虫のこえを愛で慈しむ心を、いつまでも持ち続けたいと思ってやまないのである。

4．ハングルとひらがな

ハングルのディジタル性

韓国語の独特の文字、ㄱ、ㄴ、ㄷ、ㄹ、ㅁ、ㅂなどの文字を訓民正音（フンミンヂョンウム）またはハングルという。このハングルという文字は、一四四六年に世宗大王（セヂョンデワン）によって作られた。一方日本語を表わすひらがな、カタカナは、いつ、だれによって作られたのかはっきりしない。

このハングルの素性とひらがなの素性は、日本語と韓国語、さらにまた日本と韓国（文化）を象徴しているようにわたしには思われる。

世宗大王

区分けされはっきりしているものをディジタルといい、曖昧なものや明瞭でないもの、グラデーションのようにそれとなく移り変わるようなものをアナログといったりする。この言い方をかりると、ハングルの素性の明確さはまさにディジタルであり、ひらがな（日本の文字）はアナログということになろう。

ハングルのディジタル性ということでこんな思い出がある。

あれは一九九八年のころだったと思う。全世界でインターネットがはじまって三年くらい経ったころのことだ。ひょんなきっかけからナノ技術を扱う光学関係のベンチャー企業のCEOと知り合いになった。名前はイ・マンギル。その下に一人の従業員がいて、彼の名前はイ・チヂョンといった。何十人かの応募者の中からイ・マンギル社長が選んだ人間だった。笑うと赤子のようにかわいいのだが、ふだんは苦虫をかみつぶしたような顔をしていて、最初はとっつきにくかった。

コンピュータのプログラマなので、ソフト面にはもちろん詳しかったが、ハード面にもかなり詳しいものをもっていた。かたことの日本語をあやつることができたおかげで、わたしとにわかに親しくなっていった。

「キグチさん、ベップオンセン　アラヨ?（木口さん、別府温泉を知ってますか?）」

「名前は知ってるけど、行ったことはないな」

「あなたはそれでも日本人ですか」

こんな具合いだ。日本語を完全に自由にあやつれる会話力がないのだから、穏やかに言うとか遠まわしに言うとかのテクニックが使えないってことはわかっているが、彼の発言はいつもダイレクトなので、冗談だとはわかっていてもときおりカチンとくることもあった。

母語の韓国語もほぼ同様の傾向があり、ときどき社長とぶつかっていた。それでもコンピュータに関する知識があまりにも大きかったため、社長もじっとがまんしているもののよう

だった。イ・チヂョン氏がコーヒーを飲みながら言うには、

「コンピュータっていうのは、英語基盤で作られているけど、実は韓国語のほうがずっとコンピュータには向いているんだ」

そう彼は言うのだったが、こういわれてもわたしにはどうもピンとこない。わたしの頭にもはっきりと刻み込まれたのは、韓国語というのは英語以上にコンピュータに向いている言語らしいという点だった。

世宗大王との一問一答——ハングルの成り立ち

ところでそもそもハングルとはどういう文字なのだろうか。すでに言及してあるが、ハングルという、韓国語を表記する文字は、朝鮮時代の第四代王様の世宗大王が学者を集めて文字作りにあたらせ、一四四六年に「訓民正音」という形で発表したのがはじまりである。

世宗大王に筆者が質問するという形で、このあたりの状況を描いてみよう。「訓民正音」というのは、本のタイトルであると同時に朝鮮文字ハングルそのものをも指すものである。

「世宗大王様、どうしてまったく新しい文字をおつくりになったのですか」

「ああ、それはだな、わが朝鮮のことばを書きあらわすのに中国の漢字を使ってきているわけだが、中国のことばと朝鮮のことばはまったくちがうものである。音も文法もまったくちが

うことばなのに中国語を表記する漢字を朝鮮語の表記にそのまま使うのは、牛車に四角の車をつけて走るようなもので土台無理なことなのだ。朝鮮のことばにはそれを表記するのにふさわしい文字があるはずだ。まだこの世に存在していないまったく新しい文字、「訓民正音」（つまりハングル）の創製の動機はそこらへんにあるわけだ」

「『訓民正音』の序にあるお話ですね」

「そういうことだ」

「朝鮮の一般民衆らを不憫に思ってこの新しい文字二十八字を作ったと高らかに謳いあげている『訓民正音』の序の部分には、わたし、とても感動いたしました」

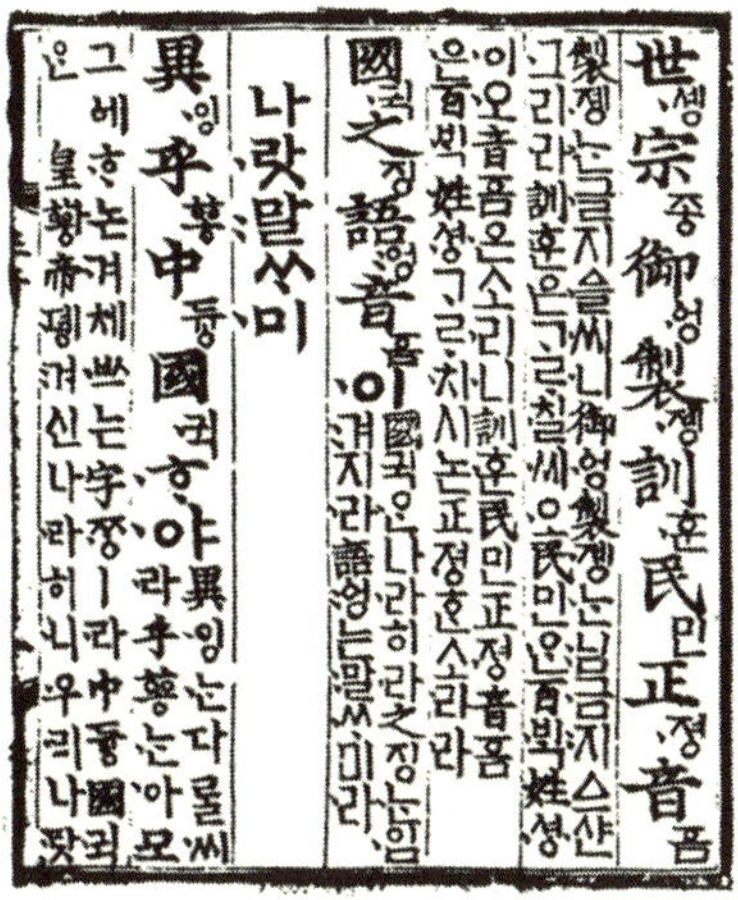
世솅宗종御엉製졩訓훈民민正졍音음

製졩는 글 지슬씨니 御엉製졩는 님금 지스샨 그리라 訓훈은 ᄀᆞᄅᆞ칠씨오 民민은 百ᄇᆡᆨ姓셩이오 音음은 소리니 訓훈民민正졍音음은 百ᄇᆡᆨ姓셩 ᄀᆞᄅᆞ치시논 正졍ᄒᆞᆫ 소리라

國귁之징語ᅌᅥᆼ音ᅙᅳᆷ이

國귁은 나라히라 之징는 입겨지라 語ᅌᅥᆼ는 말ᄊᆞ미라

나랏 말ᄊᆞ미

異잉乎ᅘᅩᆼ中듕國귁ᄒᆞ야

異잉는 다ᄅᆞᆯ씨라 乎ᅘᅩᆼ는 아모 그ᅌᅦ ᄒᆞ논 겨체 ᄡᅳ는 字ᄍᆞᆼㅣ라 中듕國귁은 皇ᅘᅪᆼ帝뎽 겨신 나라히니 우리나랏 ...

『訓民正音』

「しもじもの民が漢字をおぼえるなど、ほぼ不可能だからのう。畑仕事に忙しい彼らでも簡単に学べる文字を作って、言いたいことを何でも自由に言える（書き表す）ようにしてあげたいと切に願ったのだよ」

「心から民衆のことを思われていたんですね。朝鮮時代の聖君のほまれ高いのもようくわかります。今一万ウォン札になっておられるのも当然至極ではありますね」

「ほほう、わしが一万ウォン札になっておるのか。知らなかったのう」

「一九七三年に作られたんです。そのときは一万ウォン札がいちばん大きいお金でした。でも二〇〇九年に五万ウォン札が出まして、シンサイムダン（申師任堂）という女性になりました。格から言えば当然世宗大王様がいちばん大きなお金になるべきですが、こればかりはしかたないですよね。すでに一万ウォン札になってしまっているわけですから。でも今後、十万ウォン札が作られるとか、南北統一して新しい紙幣が出るようなことになったりすれば、世宗大王様がいちばん大きいお金になるのは百パーセント確実です。第二位以下の選定はもめることも予想されますが、第一位の座は、世宗大王様以外ありえません」

「そういわれて気分の悪いはずもないが、これこれ、倭国のものよ、わしをおだてるでない」

「滅相もないことでございます。だれが大王様のことをおだてたりできましょう。わたくしめ、事実をそのまま申しあげているにすぎません。大王様と様の字をつけておりますのも、わたくしの心の表われでございます。我知らず大王様ってなってしまうんです。民衆をわが子のごとく愛されたこともそうですが、なにをおいても『訓民正音』というあまりにもオリジナルな文字を創製されたその偉業こそ、わたくしをして世宗大王様のことを尊敬してやまないものにしているのでございます。新しい文字創製の目的として民衆を不憫に思い、高吏高官でなくても誰でも皆簡単に覚えられる実用的な文字を作ろうとされている点なども、感嘆さらに感嘆でございます。

世界のどこに文字創製の動機・目的をこれほどまでに明確に謳いあげているところがありましょう。大王様の朝鮮以外、ただの一つもございません。

わが日の本の国つまり倭国の場合、ひらがな・カタカナの作られた時期こそ『訓民正音』よりはだいぶ前の八〇〇年代前後ごろとされておりますが、創製した人がだれで、どういう動機によって作られたのかなどは、一切合切ベールにつつまれたままなのでございます。ひらがななどは、中国からの漢字をくずして作られていることは疑いの余地はございませんが、だれがいつごろなぜ、という部分は今も曖昧なのでございます。

いちばんはじめに漢字のくずしにとりかかった人は勿論どこかにはいるわけでしょうが、それがだれなのかわからないのです。だれかが『あ、い、う、……』の雛形のようなものを思いつき、別のだれかが、『おっ、これは便利!』として広め、次々に広まりながら形も次第に今のひらがなのようになっていった。だれがどうのということもなく、あくまでも人々の中から自然発生的に創製されていった。とてもアナログ的かとわたくしは思っております。

そして、この、だれいうこともなく自然に人々の中に生まれていったということ、これはこれで、すごいことだと言えるんじゃないかと密かにわたくし思っておるのでございます。人知れず、さりげなく、というつつましやかな日本の特徴が、いかにも如実に現われているところじゃないかと思うのでございます」

「ほほう。倭国のひらがなは誰が作ったかわからないとのう。自己主張というものをあまりやらない倭の国らしい現象だな。その点、わが朝鮮は、お天道様のもと、高らかに宣言するのが昔からの伝統（ならわし）じゃ」

「ところで大王様、『訓民正音』の文字、つまりあの独特の朝鮮の文字は、陰陽五行説と深い関係があると伺っておりますが、文字と陰陽五行説とどういう関係があるのか、皆目見当がつきません。そのあたりのことを教えていただけるとうれしいのですが」

「倭のものよ、『訓民正音』について少しは知っているようだのう。感心じゃ」

「いえいえ」

「知っての通り、ことばというのは音声の連なりだ。その音声というものをよく見てみると、母音と子音というものからできていることがわかる。たとえば「か」という音は「K」という子音と「A」という母音が組み合わされてできているわけだ。『訓民正音』では、母音は天と地を中心とした陰陽の考えから作られており、子音は、木、火、土、金、水という五行がベースとなっておるのじゃ。倭のものよ、汝にわかるか?」

「完全に理解できるわけではありませんけれど、当時（十五世紀）すでに音を母音と子音に区別していたってこと自体、すごいことなんじゃないでしょうか。現代でこそ誰でも母音とか子音なんてことば、知ってますけど」

「そういうわけじゃ。いいところに気づいてくれて語るわしも張り合いがあるというものじゃ」

「そういっていただけるとうれしいです」

「で、その母音だが、天と地という陰陽と、実はさらに人が加わっていて、天地人というものが基本概念としてベースになっておる。子音の五行というのは、音を作るときの喉の形や舌の位置などによって音の種類を五行つまり春、夏、晩夏、秋、冬の五つのグループに分けてあるのじゃ。専門的すぎて貴公にはちょっと難しいかもしれんのう。どうじゃ、『訓民正音』の基本部分はなんとなくでもつかめたかのう」

「母音は陰陽プラス〝人〟の天地人、子音は五行から。そういうことでいいのでしょうか」

「そういうことになるわけじゃ。それだけつかめただけでも、たいしたものじゃ。朝鮮の文字ハングルは、創製の哲学からしてとてつもなく形而上学的であるということなのじゃよ。このことだけは心の奥深くにしっかりと刻みつけておくがいいぞ」

「かしこまりました。肝に銘じておきます。大王様、『訓民正音』創製のお話、まことにありがとうございました」

——ということで、「訓民正音」つまりハングルを創製された世宗大王との対話はこのへんで幕をとじることにしよう。

文字のない言語

話しことばはあっても文字のない言語は、世界にあまたある。アフリカの多くの部族はことばはあっても文字がない。フィリピンや台湾の土着の部族なども、同様にことばはあっても文字がない。日本の北海道のアイヌの人たちも、ことばはあれど文字がない。文字がないから民族の伝承や歌などは、口から口へと伝えるしかない。一人の人間が暗記できる量には限りがあるから、口伝えの民間伝承というものもおのずから限りあるものとならざるをえない。

アイヌの民間伝承ユーカラは、量・質ともに膨大であるが、あれだけのものを何百年あるいは何千年と口から口へ伝えてきたことに驚きを禁じえない。今は、金田一京助などの労により日本語の文字としてしっかりと編まれているゆえ、頭のよい伝承者がいなくても未来永劫まで十分伝えられるようになったわけだ。こういうあたりが文字の偉大さということであろう。

われわれ日本人も韓国人も、ほぼ生まれたときからことばイコール文字と思っているはずだ。生まれたときからというのがちょっと大げさだというなら、物心ついたときからといえばよいかと思う。口からことばを出してしゃべり、しゃべったことばを紙に書くなんてのは当たり前にできる。書きことば、つまり文字のほうは話しことばを覚えるより多少の努力も必要だし時間もかかるが、それでも五、六歳ごろまでにはたいていの人は母語の文字は書けるようになる。こうなれば人はみな、口と手の両刀使いになるわけだ。

しゃべることはイコール書くことであり、書くことはイコールしゃべることである。しゃべれるけれど書くことができないという人がいたとすれば、それは書く勉強をしなかった（できなかった）人であって、文字がないゆえに書けないケースがあるなどとは、ゆめゆめ思ったりはしない。しゃべりことばは生まれたときからあったし、書きことばだって物心ついたころから知っているのだから。

でも、この世の中には書きたくても表記する文字がないために言いたいことを書けない人々（民族）はあまたいるのである。文字を作ってくれた先祖に感謝の気持ちがふつふつとわいてくる次第だ。

蒼頡（そうけつ）と世宗大王

筆者の管見によれば、文字創製のことがわかっているのは、漢字を作ったとされる蒼頡（そうけつ）と、「訓民正音」の世宗大王、この二人だけである。

蒼頡というのは、目が四つあったと伝えられている。四つの目でものを見るから普通の人の二倍の観察力、洞察力があったということであろう。一つ目小僧は知っているし、三つ目が通るもマンがで見たことはあるが、四つ目というのは聞いたことないぞというヤジが飛んできそうだが、あくまでも伝説ということで許していただきたい。伝説であれなんであれ、漢字を作った人の名が今に伝えられているのは、考えてみればやはり驚くべきことといわざるをえない。

そして「訓民正音」を作った世宗大王。蒼頡の時代からは数千年遅いことになるが、「訓民正音」の場合は創製者の名前のみならず創製の動機や目的、さらには創製にあたっての形而上学的な背景にいたるまで悉く、しかもつぶさに記述されている点は、他に例を見ない唯一無二のことなのである。

これはすごいことではあるが、角度をかえてみると、ある意味当然のことといえるのかもしれない。というのは、この「訓民正音」つまりハングルは、現在、実生活で生きて使われている文字の中では一番最近作られた文字である。メソポタミアの楔形文字や古代エジプトの絵文字ヒエログリフや漢字などの作られた紀元前数千年という大昔ではなく、近現代への黎明期ともいえる十五世紀中葉だ。科学的な考えに基づいてものごとをなしたとしても度肝を抜くほど驚くべきことではないのかなとも思うのである。

それにしてもだ。新しい文字体系を一つ、何でもいいから作ってみよ、と言われたらどうだろうか。「はいよ」ってな調子で軽く作れるようなシロモノではない。全く新しい形と新しい音、さらには文字づくりのバックボーンとなる理念。こういったものをトータルしたものが文字体系といえるものだろう。ザメンホフによるエスペラント語という言語体系は、十九世紀という最近に作られたものであるが、これはａ、ｂ、ｃというアルファベットを使った言語体系であって、文字体系そのものではない。現代において、生活の実用に堪えうる文字体系を新たに作ろうとすればその困難さが容易に想像できよう。こういう面において、十五世紀という比較的最近、それまでにこの地球上に存在しなかった新しい形の文字体系「訓民正音」を創製した世宗大王は、やはり傑出した頭脳の持ち主といってまちがいないであろう。

日本語＝「ガラ語」？

話しことばはあっても文字を持たない民族（言語）があまたあるが、インドネシアのチアチア族もその一つで、しゃべることはできるのだが彼らの話すチアチア語を書き表す文字がないのだった。そこでチアチア族のリーダーたちが集まって会議を開き、自分たちも文字を持とうということになった。新しい文字を作るのは大変だから、いま地球上にあるさまざまの文字の中から一つ選んでそれを自分たちの文字にしようと。アルファベットやヘブライ語、アラブ語、漢字、ひらがななど、全ての文字を検討した結果、彼らの出した結論は、なんとハングル（「訓民正音」）を使おうというものであった。二〇〇九年ごろの出来事である。

韓国文字ハングルが、最も簡単で合理的ということから今後さらに「うちのことばの表記用としてハングルを使おう」という国（あるいは民族）が出てくるかどうかはわからないものの、韓国・北朝鮮以外の地域でハングルを使用する国が、一個は存在したというだけでもかなりのことなんじゃないのだろうか。

日本文字であるひらがな・カタカナをどっかよその国で使ってくれるという話は聞いたこともないし、これから先もおそらく皆無なんじゃないだろうか。勿論こんなこと、断言できるわけがない。しかしやはり、日本語というのは音の多様性に欠ける。あいうえお五十音だけでカバーできるのは、わが愛する日本語だけなんじゃないだろうか。ガラケー（ガラパゴス携帯）とは日本国内だけで通じるケータイといった意味であるらしいが、この伝で行けば、日本語はさしずめ「ガラ語（ガラパゴス言語）」とでもなるのだろう。

日本語がガラ語となるかどうかはわからないけれど、日本国内だけでのみ通用するものってたくさんあるような気がする。すぐに思い浮かぶのは、車は左、人は右という交通ルール。日本（とイギリス）以外の国はほぼ全部、「車は右」で「人は左」である。韓国も勿論そうで、だから車のハンドルは左側についている。ためにシフト操作は右手でやることになり、右利きにとってはグッドだ。日本の車は右側にハンドルがついているから、シフト操作は左手で行なうことになる。韓国の人から「左手でシフト操作やるのって、かなりやりにくいんじゃないの？」と聞かれたことがあるが、人間どこの国でも右利きが多いことを考えると、質問の意味は理解できる。「箸で何かをつかむようなこまかい作業だったら左でやれってことになったらかなりビビると思うけど、シフトレバーを前に後ろに、また右に左に動かしたりするくらいだから、ほとんど問題なくできるよ」とそのときは答えてあげたように記憶している。

ガラパゴスの大関格としてあげたいのは、ワープロだ。ガラパゴスワープロのおかげで、コンピュータやインターネットが遅れつつあることをこのころに感じたものだ。日本が韓国より遅れたものがあるということをはじめて感じた瞬間だった。万能の日本、なんでも一番だと思っていた日本が、韓国の後塵を拝す。

「韓国にも信号があるの?」と聞いてきた幼馴染がいたが、信号があるどころか、ぼやぼやしていると君、日本は本当のガラパゴスになってしまうぞと、張り倒したい気持ちをぐっと抑えて声ならぬ声で雄叫びをあげていたことをきのうのことのように思い出す。案の定、コンピュータ、インターネット、スマートフォンなどのIT産業は、世界一とまではいえないまでもその後の韓国の躍進には目をみはるものがあるじゃないか。ソニー、東芝、シャープといった日本有数の企業が一時傾きかけたのも韓国企業の大成長によるところが大きい。

「学番」

話は「訓民正音」からガラパゴスへと流れてしまったが、ここでもう一度「訓民正音」にもどってみよう。ハングルがもっともコンピュータに合っている文字なんだよというイ・チヂョン氏のことばの意味(真意)が今もまだわからないということは先ほど書いたが、陰陽五行説に立脚した母音と子音の文字体系が非常にディジタル的であることは(いかにキカイ音痴なわたしにも)ぼわっとではあるけれど、わかることはわかる。

こういったディジタル的な文字を作り出すことのできた韓国の人々の血にディジタル的なものが流れているのかもしれないと思わせるものの一つに、大学生の「学番」というものがある。これは「ハッボン」いう韓国語の発音になる。

「七五ハッポン」といえば一九七五年度の入学者ということだ。「一五ハッポン」といえば二〇一五年に入学した学生というわけだ。もっと正確にいうと、学番というのは大学に入学したときにその入学年度を組み込む形で全員に割り振られるもので、「二〇一五一二三四」などとなっているわけである。これはサインするときなどに使うフル番号だ。普通は「君、学番、何？」「ぼくは〇九だよ」といった感じの会話になる。日本なら「君、何年生？」とか「何回生？」といったところか。

ただし、韓国の場合、学番の確認は、日本の「何年生？」の確認とは意味がだいぶちがっているといえるだろう。学番を確認することで年齢の上下がわかることになるが（浪人とかの複雑なシチュエーションは省略）、「おれが二個上」「おれ、一個下だ」というのが韓国人にとってはかなりシビアな位置関係なのである。

日本人の場合は、親疎関係、つまり親しいかそうでないかが、ことばづかいの上で重要なファクターになるのに対し、韓国の場合は、年齢の上下関係でことば遣いがかわってくる。だからこちらでの学番確認は、しゃべるときにタメぐち（パンマル）でいくか「です・ます体」（ヂョンデンマル）でいくかを決定する重要な作業なのである。日本の学生なら、「君、何年生？」なんて会話は普通はほとんどないはずだ。「あの子、何年生？」「二年生だよ」「お、そうか。いいね。ちょっとアタックしようかな」。こういった会話はあるかもしれないけれど。

わたしの大学時代、韓国の大学のような学番みたいなものがあったっけ？ 四十年も前のことゆえ記憶のかけらもない。ただし不思議なのは、大学の前の高校時代は十四番であったし、中学時代は七番だったなんてことを覚えていることだ。あくまでもクラス内での出席番号であるけれど。韓国のように通し番号ではない。

韓国の場合は、同じ大学においてなら、現在、過去、未来を通じ、学番一つに学生一人が対応している。一対一で対応しているからコンピュータ処理が容易だ。

韓国のマイナンバー

大学には学番があり、社会には住民登録番号があるのが韓国のシステムだ。いわゆる国民総背番号制である。韓国の場合は、一九六二年から実施され、一人一人通し番号のついた顔写真つきのカード（住民登録証）を持っている。高校を卒業するころに作るようだ。

この国民総通し番号制、韓国が世界でも一番早いのかと思ったら、上には上があるもので、シンガポール、イギリスが一九四八年、スウェーデンは一九四七年、さらにさかのぼってアメリカは一九三六年からだ。やっぱりディジタルの国アメリカが一等賞である。

日本はどうか。一九六八年ごろ、佐藤栄作内閣が国民総背番号制を導入しようとして、見事に頓挫したようだ。その後もおりにふれ総背番号制の導入を図ろうとするが、そのたび失敗してきたという経緯がある。わたしの大学時代、だから一九七〇年代ということになるけど、そのときにもいっときテレビ、新聞をにぎわしたことがあった。国民一人一人を監視する気か！

という怒りの声が巷にあふれていた。わたしも世間のそんなムードに流されて、お上に監視されてたまるか！　と口から泡を飛ばしながら友としゃべっていたことを思い出す。なんの根拠もない、浅はかな行為だったと反省せざるをえない。

五十年以上も前に導入され、ほとんど何の問題もなく運用されている韓国をみるとなおさらだ。大きなトラブルもなく導入され、今もいたってスムーズだ。総背番号制（こちらでは住民登録番号）のない生活は、いまとなっては想像もできないくらいだ。医療保険であれ国民年金であれ、車の免許証であれ、履歴書であれ、自分の名前が必要なところには必ずこの住民登録番号が記載される。ケータイの契約時ももちろんである。すごいのは、家にいながらにして戸籍謄本がコンピュータからダウンロードできること。戸籍謄本をコンピュータからダウンロードするなんて日本ではおそらく想像もつかないことじゃないかと思う。

たぶん右にも書いたように、韓国人の中に流れるディジタル的なものと共鳴する部分があって総背番号制の導入にあたっても大きな混乱もなく実施され、コンピュータ管理社会となった今、それはさらに重要な位置を占めるに至っているわけだ。

民衆のポテンシャルエナジー

韓国民族がお上のことはなんでも従順に受け入れるばかりの単純な気質かというと、決してそうではない。軍事政権から文民政府（シビリアンコントロール）を勝ち取ったのも、民衆が立ち上がったからであり、彼らの血の犠牲があってのことなのである。

民衆のポテンシャルエナジーは相当に高い。何かをやるとなったら徹底してやるというのが、こちらの伝統であり、スタイルだ。「クッ トゥル　ボンダ」ということばがある。「終わりを見る」という意味であるが、徹底的にやるとか結論、結果が出るまでやるとか、一方が死ぬまでやるということだ。こちらの人々はけっこう軽いノリでよく使う表現である。歴史的にみても、勝ったものが負けたほうの中心人物とその一族郎党全部を皆殺しにするのは普通のことであり、これが基本だ。一か零かというディジタル性はこんなところにも見られるわけだ。

この面、日本は信じられないくらい鷹揚というかアナログというか、いい加減というか、世界にも例がないくらい独特だ。そのあたりの状況を身近に見られるのが、日本の将棋である。日本の将棋では、取った駒（敵）は自分のものとしていつでも使えるわけだが、こういうルールをもったゲームは日本の将棋しかわたしは知らない。韓国にも将棋はあるけど（勿論日本の将棋とはちがう）、取られたらおしまいだ。双方、それを使うことはできない。チェスもそうだ。死んでしまったらそれまでなのであって、取ったほうがもう一度元気な駒として使えるなんてルールが異常なのかもしれない。一か零か。白か黒か。善か悪かという二律背反的世界観ではなく、けっこう曖昧な、グラデーション的な世界観、さらにいってしまえば日本的な世界観も、現代のようなディジタル全盛の世の中にあってはそれなりの存在感があるのかなとも思う。

駅伝競走というマラソンの競争がある。十人ほどの選手がそれぞれ割り当てられた区間を担当し、前の走者からたすきをもらって次の走者へと渡す。この駅伝競走、オリンピックに採用されていないのもむべなるかな。これ、ウィキペディアには日本だけで行われていると書いてある。でも実は、韓国でもやられている。おそらく植民地時代に行なわれはじめ今につながっているのではないのか。いずれにせよこの駅伝というスタイルは、一人で四十二・一九五キロを走るマラソンとちがって、なんとなくアナログ的な感じがする。みんなが息を合わせて練習してこなければ勝てないだろうし、一人だけ絶対的に強いやつがいてもやはり勝てない。

一人一人のあいまいな要素がグラデーション的に調和し一つになったとき思いもよらぬ力が発揮されるわけだが、この曖昧さ、ゆらぎ、協調性といったものが、そこはかとなくアナログの香り濃厚にわたしには感じられるのであり、それはまた日本の「にほひ」なのである。

デジタルに頭を下げるのも道

ひらがなとハングル。日本の文字と韓国の文字の生い立ちから話しはじめた本稿も、いよいよ終着駅が間近のようだ。

ハングル（「訓民正音」）は、文字づくりの原理自体がそうだし、文字づくりにまつわる付帯状況もそうだけれど、この文字はとにかくデジタル傾向がいたって強い。このことがバックボーンとしてあるからかもしれないが、韓国の文化もデジタルな傾向が随所に見える。

もちろん文化という複雑なものを一言のもとに切り刻むことはできない。韓国の文化がディジタル的だとはいったが、そうでないところも多々あろうかと思う。しかしそれでもあえていいたいのは、社会システムのイロハともいえる根幹部分が、韓国の場合完全にディジタル化されているということである。つまり住民登録番号が完璧に浸透し社会生活の礎（いしずえ）として大活躍しているのである。これはとりもなおさず朝鮮時代の昔から韓国民族に流れているディジタルの血がなせるわざなのではないのだろうか。

かたやアナログ日本。ゆらぎの美学、曖昧の美学に裏打ちされた極めて独特の文化ではある。死んでも死なななかったり（取った駒が何度でも使える）、零にはしない（皆殺しにはしない）でこちら側に組み入れ、みんなでわいわいと和をもって尊しとなすアナログ大国・日本。

機械に追われ息つく暇もない現代こそ、日本のガラパゴス的アナログ性が求められるのかもしれないが、住民登録番号制（総背番号制）は何の問題もないものだから、二〇〇六年、二〇〇七年ごろに明るみに出たあのおぞましい年金記録問題みたいなものを防ぐためにも、これだけはディジタルに頭を下げて一日もはやく導入すべしと思う（叩かれるのを覚悟で書いてます）。

現日本政府のやることなすことほとんどは反対だが、マイナンバーだけは素直に受け入れたほうが賢明だとわたしは思う。ご心配の向きには、こちら韓国の住民登録証を一度ご覧あそばせ。

5．日本と韓国のはざまで

韓国の苗字、日本の苗字

最近は、日本も韓国も子供の名前に外国人的な発音のものが多い。たとえば「リサ」とか「レイナ」とか「カレン」とか。女の子の名前にとくに多いかもしれない。「ジュン」などという発音は男の子の名前としても女の子の名前としてもけっこう見られるかもしれない。グローバルな時代になって、いつ外国生活するはめになるかわからないし、子供がおおきくなって外国人と結婚するかもしれないし。そうしたことに対処するため、というよりは、どこに行っても通じる名前をはじめからつけておく、といった気持ちが強いのかもしれない。

韓国はご存じのように日本人のことが基本的に嫌いだ。だから韓国に住む日本人の子供がどういう名前で学校に通うのかというのは、けっこう大きな問題なのである。

幼稚園、小学校のときは、けっこうおおらかにというかある意味「適当に」名前を登録できる。わたしの知人の子供は見目麗しい女の子だが、本名は「西野カレン」であっても「李・カレン」つまり「イ・カレン」などとして登録できるのである。

中学校からが問題だ。本名と同一の正式な名前を登録をすることになる。コンピュータ網に登録され、後々この情報がずっとイキになるのである。西野さんの家族は、子供が小学六年を終え、中学に入学するその休みの間に家族会議を開くことになった。

「カレン、お前は中学からどういう名前で行こうか」

彼女はほとんどためらうことなく、

「ナ、ニシノ　カレン　ロ　カルケ（あたし、にしのかれんで行くわ）」

と答えた。母親であるハン氏をとって、「ハン・カレン」でも登録は可能なのだったが、娘は「にしのかれん」でいくという。

実は、韓国では歴史の時間に、日本による植民地時代のことを、それはつぶさに教えるのだ。「日帝」による植民地政策により国を奪われ、名前も奪われ、ありとあらゆる苦労を強いられた。日本とは「日帝」のことである。一九一〇年八月から一九四五年八月までの三十六年間、韓国は日本にはこのことをほとんど一言も教育の場で教えないので（わたしが中学、高校のころはとくに）、子供らはなにも知らないで大きくなる。西野さんも、韓国に来るまでは日帝などということばの存在すら知らなかった。韓国人からその名前を奪い、日本式にせよといったいわゆる「創氏改名」などは、この誇り高い民族からすれば、それこそ死ぬよりも辛い仕打ちだったのである。

日本帝国は韓国民のことばも奪おうとして、小学校での教育はすべて日本語でやり、韓国語を学校内で使うとひどい罰を与えるようにした。こういうことを中学校からの歴史の時間に徹底して教えるので、西野さんとしては、クラスに娘が日本人一人だけいることになるわけで、大丈夫かな、と心配したのであるが、娘は「大丈夫」という。

羨望を集めたカレンちゃん

小六ぐらいではなにもわかっていないからということも考えられるが、小六ともなると実は、テレビからもいろいろ知ることになるし、親には言わないながら学校でもいろいろな経験(日本人としてダメージをうけること)があるはずだった。つまり、かなりのことをわかっていながら「大丈夫」といっているものと西野さんは判断した。子供なりに勇気をもってやっていこうと決心しているようだった。母親である彼の妻も、娘の「大丈夫」には、驚きを感じながらも、これはほんとに大丈夫なのかも、という気持ちを強くしたようだった。家族会議の結果は、「にしのかれん」でいくことになったのである。

中学入学の第一日目。天安女子中学校。車で学校まで送り、入学式の式場に入っていく娘の後ろ姿を見ていると親の西野さんはなぜか心細くなってきたものだった。親ばかとはこういうことなのだろう。それにひきかえ彼女の足取りは軽そうだった。

学校から帰ると、話すことが山ほどだった。女子中とあって、日本人の新入生がいるというわさがほとんど瞬間的に広まり、娘のクラスの窓越しにちらちらと中のほうをうかがいながら、「このクラスに日本人の子がいるみたいだけど、どの子?」と「見物」に来る子らが何人もいたとのこと。それも、否定的な視線ではなく好奇の視線から。

結局中学三年間、高校三年間、「にしのかれん」で大きなイジメもなく、否、逆に羨望の的として過ごすことができたのである。アニメやキティちゃん、ワンピース、トトロそしてファンシー製品などのおかげであろう。

ちなみに日本国籍の男子学生は、ほぼ例外なくかなりの辛酸をなめながら過ごすことになるようだ。登校拒否になったり引き籠もりになったりするケースが相当にあるということだ。男子と女子では大きな違いがあるものと思われる。男として生まれたものの悲しさだろう。

カレンちゃん、今は大学の四年生となり、就職活動たけなわである。日本企業に入りたいというが、希望通りにいくかどうかは神のみぞ知るところ。健闘を祈るばかりだ。

「夫婦げんかしたことない人、いますか?」

夫婦とはけんかするものである。と書けば、えっ？　何言ってんのよ。うちはけんかなんて一度もしたことないわよ。とおっしゃるカップルが必ずいるはずだ。実際わたしが三星で教えていたとき、ある研修生の女性がそうだった。

三星総合研修院に女性がはいってくるケースは非常に珍しく、わたしが足掛け九年間いた中で、正規の三か月コースに研修生として入所してきた女性は二、三人ほどしかいなかった。名前はもう忘れてしまっているが、この女性のことははっきりと覚えている。ここ三星総合研修院はほとんどが既婚者だった。くだんの女性ももちろん既婚者。結婚して七年ほどで子どもはまだいないと言っていた。

八人ほどの会話クラスで「夫婦げんか」というのがその日のテーマだった。

「皆さん、夫婦げんか、したことありますよね」

とことばを向けてみた。くだんの女性がやや不服そうな目の色だったので、

「ああ、もしかするとしたことのない人もいるかもしれないですね。夫婦げんかしたことない人、いますか？」と質問したとき、その女性はそっと手を挙げたのである。三十代半ばくらいのその女性、名前は仮にベクさんとしよう。

「ベクさんは夫婦げんかしたことないんですか？」

日本語会話のクラスなので、すべて日本語である。

「はい。わたしは夫婦げんかをしたことがありません」

まわりの連中もさも不思議そうに見ている。

「だんなさんはどんな人ですか」

「やさしい人です」

「んー、もう少し詳しく教えてください」

「やさしくておもしろい人です。わたしより六歳年上です」

いくらやさしくたって、夫婦の間には無数の問題が生じる。七年もいっしょに生活していて一度もけんかしたことがないとは、とてもわたしには信じることのできない話だった。ほんとはやったことあるんでしょ？　とかまをかけるような質問をしたりしたが、一貫して「ない」ということ。年の差があるからというような雰囲気を漂わせたりもしたが、いくら年の差が

あっても夫婦はちがう。取るに足らないようなささいなことから大げんかになったりするのが夫婦というものだ。お互いあまり干渉しないということかな。だったらそれほど仲はよくないんじゃないのかとも思ったが、本人の言うには「お互いほんとに愛しています」ということだった。その目には余裕と自信が満ち満ちていた。われわれのような夫婦とは根本的な部分からして異なっているのかもしれない。

夫婦げんかの第一歩

わたしたち夫婦は、結婚して当初は一度もけんかというものをしたことがなかった。というのは、お互い、ことばが自由にできないからけんかしようにもできないのであった。わたしは韓国語を、かみさんは日本語を一生懸命勉強したものだった。かみさんのために日本語の基礎の本を二冊買ってきて、毎日すこしずつ教えてあげた。

ひと頃は双方同じくらいの向上度を見せていたけれど、韓国の地で韓国語を勉強する有利さから、だんだんわたしのほうの韓国語の実力が高くなっていった。日本語の本の二冊目を終えるころ、彼女は日本語であいさつ程度の簡単な会話ができるようになっていたが、わたしのほうは日常生活の韓国語はほとんど自由にこなせるくらいになっていた。

韓国語ができるようになるにつれて夫婦げんかしきものが増えていった。というより、できるようになっていったといったほうが正確か。同国人同士ならはじめからことばが通じるから、なんらかのぶつかりがあれば即夫婦げんかとなるだろう。しかしわたしのような場合は、ことばが通じないから、結婚当初から華々しく夫婦げんかをやるということはなかった。歳は確かに三十を越えていたけれど、幼な子といっしょで、そばに彼女がいるだけでも幸せだった。

わらべとおとめ　よりそいぬ
ただたまゆらの火をかこみ
うれしくふたり手をとりぬ
かひなきことを　ただ夢み

佐藤春夫の詩が思い出される。二人でいればそれだけで幸せだった。まさに「かひなきこと」を夢みけむ、だった。

これが、ことばを一つ覚え二つ覚え、フレーズが言えるようになり、長い文章、まとまった内容が言えるようになるにつれ「それはいやだ」とわたしが言うようになる。自己主張する（できる）ようになっていくのである。「なに言ってんのよ。これでいいんです！」（全部韓国語）ということになって、四、五歳の子どもがけんかするような風情で、夫婦げんかの第一歩がはじまっていったのである。

「あなたのお父さんのこと、なんであんなふうに言ったのよ！」

こうなってくるともはや一般の夫婦と同じといっていいだろう。ごく些細な、取るに足らない、まるで話にもならないようなことで夫婦げんかがはじまる。けんかしながら、「お？　このけんか、なんのことからはじまったんだっけ？」と自問してみるが、最初のきっかけがいくら考えても頭に浮かばないということすらあった。しかも何度も。

生活してゆくなかで、かみさん、なんで腹を立てているんだ⁉　という状況がたびたび見えるようになってきた。

こんなこともあった。二人で親戚の家に遊びに行き、飲んだり食ったりしゃべったりしてけっこう楽しく過ごしてきた。わたしは勿論だが、かみさんも満足そうだ。家に帰ってきて普段着に着替えるが早いか、かみさん、頭から湯気を出しながら、

「なんであんなふうに言うのよ！」

とのたまうではないか。満足し楽しかったとばかり思っていた訪問だったが、かみさんにはがまんのならない、なにかとんでもないことがあったみたいだ。しかもその原因は、そのケンマクからするとどうも自分にありそうだ。

彼女の腹の虫をそんなにもぐちゃぐちゃにしてしまうような失策を、おれ、やらかしたのか？　しかしどう頭をひねっても思い当たるフシはなかった。しかたない。聞くしかない。

「おれ、なにか言ったのか。君がそんなにおイカリになるようなこと、言ったおぼえ、ない

んだけどねぇ」

「あなたのお父さんのこと、なんであんなふうに言ったのよ！」

どうやらわが父親の話をしたときのことと関係があるらしいぞ。思い返してみると、おやじ、おふくろのことをしゃべったことは確かだ。

「うちのおやじ、学校もろくに出てないんですけど、農業のかたわら電気工事会社勤めなどしてまして、家の電気の配線などは全部おやじ一人でやりました。

どっからかガラクタみたいなものを集めてきては、風呂のボイラーまで手作りでこしらえてしまった。それほど裕福というほどではなかったんですけど、われわれ子どもたちは、サッカークラブにはいって自由にサッカーをやらしてもらえるような、そんな家庭でした」

要約してみるとだいたいこのようなことをしゃべったと思う。

して、このどこが問題というのか。かみさんは「なんであんなふうに言うの」と言っていた。なにをどう言ったということなんだろうか。

「学校もろくに出てないなんて、なんで言うのよ。ちゃんと学校出てるじゃない」

「いや、そりゃ、小学校は出てるかもしれないけど、高校は出てないし」

「高校、大学が問題なんじゃなくて、あなたのその父親をさげすむようなものの言い方が問題なのよ」

「でもさ、学はないけど、あんなすごいボイラーを一人でお作りになるなんて、なんとすばらしい父上でございましょう、とも言えないじゃない」
「なに言ってんのよ。そういえばいいのよ。ボイラーなんて誰にでも作れるものじゃないじゃない。タイマーつきのボイラーを一人で作ってしまうほど立派な父親でしたと、ありのままを言えばいいじゃない。なんでそんなことも言えないのよ。バカね」

ときたもんだ。

身内に敬語

聞いていると、どうも感覚がちがっているんじゃないのかと思えてきた。そういえば韓国語は絶対敬語と言われている。身内のことを言う場合にもへりくだっていうことはない。たとえば「父は今家にいらっしゃいます」といい、「社長様はただいまお言葉を述べていらっしゃいます」と言う。

こういうように「父」とか「社長」という存在を表現するとき、身内だからといってへりくだることはせず、常に（絶対的に）高めて言う。こういう敬語のスタイルを絶対敬語というわけだが、この意識が実はことばだけにとどまらず行動や生活一般にまで影響を及ぼしている。

親戚の前であれ他人の前であれ、身内のことを低めた意識で紹介したり話したりしてはだめなのである。日本で「父上は今家にいらっしゃいます」などと言ったら「てめえ、バカか」となってしまうが、ここ韓国ではことばの上でもそのように言い、態度の上でも身内を低めて扱うようなことはしないのである。

確かに日本でも身内だけがいる場だったら、父や母を低めていうような態度はタブーだ。最近は父や母を殺めたりする事件がたまに起こるけど、あれは例外中の例外であろう。日本の場合、身内だけでいる場合と他人の前で身内を紹介したりする場合とで天と地ほどもちがうことばを使い、ちがう態度を示すのだが、ここ韓国では、身内だけでいるときと同じようなことば遣い、態度も他人の前でも変わりなく示す。それが韓国スタイルなのである。「どっからかガラクタを集めてきて……」などというのではなく、「自分の設計に見合ったパイプや鉄の容器などをきちんと注文して購入し……」のように言うべきだったんだ。

「そうか。わかったよ、わかりましたよ。これからはそうするからさ。そのおイカリだけはきれいさっぱり解いてくださいよ」

日本人の感覚からすると、身内のことを褒めたり称えたり立派だといったりするのは、かなりの抵抗を感じるものだ。こそばゆくて恥ずかしい。どこか間が抜けているようでなんとも落ち着きが悪い。しかしそれがこちら韓国での一般的なスタイルなわけだから従うしかない。いや、おれは日本スタイルでいくと、我を張ってみたところで、夫婦げんかになるのがオチだ。しかも勝ち目はない。以来、わが父親は、まめでよく働き、先取の性向をあわせもち、ボイラーさえも自力製作するアイディアマン、高度のエンジニアということになってしまっている。とうの昔に旅立ってはいるのだけれど。

キョースニム

身内と他人。このカルチャーショックはわたしの中にあってかなり大きな部類に属するが、これすら小さなものと見えてしまうようなできごとがあった。

大学の授業の中で、学生を前に話すとき、自分のことは「わたし」あるいは「わたくし」と言っていた。英語なら「I think that…」のように「I」一つであるけれど、日本語は「わたし」「わたくし」「ぼく」「おれ」「おいら」「自分」などなど、たくさんの単語が存在する。

ある日仲良くしている同僚の国文科のカン教授（国文科といってもここは韓国なので韓国語科のことであるけれど）に頼まれ、彼のクラスで日本について話をすることになった。

「こちらが日本語科のキグチ教授だ。キョースニム（教授様）がとても尊敬してやまない日本人の教授だ。君たちも皆知ってるだろう？」

カン教授はさらにちょっと補足説明をし、学生らを一、二度笑わせると、わたしにクラスを任せ「それじゃよろしくね」と言って教室を出て行った。

授業を進めながら始終わたしの頭の中にあったのは、わたしを紹介するときにカン教授が口にしたひとことだった。わたしの耳が確かなら、彼ははっきりと彼自身のことを「キョースニム」と言った。つまり「教授様」という意味である。「キョースニムがとても尊敬してやまない……」というキョースニムというのは、わたしのことではなくてカン教授みずからのことだ。自分のことを「キョースニム」つまり「教授様」といったのである。

韓国文学を教えている純粋な韓国人だ。韓国語の用法を間違うはずはない。ということは韓国語においては教授が自分のことを「キョースニム」と表現するのが正しい用法ということになる。自分のことを「教授様」？　これを理解するのに数日かかった。

家に帰ってきて妻に確認し、次の日、別の韓国人教授に確かめ、さらに次の日、韓国人の公務員の友人としゃべることで、それが間違いのない、れっきとした韓国語の使い方であることを、まがりなりにも理解したのであった。

日本語で考えてみよう。キョースニムは日本語にすれば教授様となるのであるが、百歩譲って教授あるいは先生ということにしてみる。

「この問題に対するわたしの考えはだね……」

これを

「この問題に対する教授の考えはだね……」

という図式になるわけだけれど、かなり違和感のあることは、日本の読者の方なら容易に想像できるはずだ。

これも絶対敬語という考え方から出てくる現象なのだろうか。しばし考えてみた。

自分を「先生」、「ママ」と呼ぶとき

大学生を前に自分のことを教授あるいは先生というのは今見たようにかなりおかしい。日本

語としては許容しがたい。それでは高校生、中学生を前にしてならどうか。やっぱりこれもかなり違和感がある。じゃ、小学生、さらに幼稚園の園児たちを前にしてならどうか。幼稚園児を前に、

「それじゃ、みなさん、先生と同じように右手をあげて……」

これは言える。おかしくない。日本語でも先生が自分のことを「先生」という場合はありうるのだ。そうなると韓国語で自分のことをキョースニムと表現するスタイルは、絶対敬語という考え方から派生してくるのではなく、相手の立場に立ってのことばということになるのだろうか。小さい子どもに対してお母さんが、

「ママ、もう知らないから」

というあれ。

「あたし、もう知らないから」

とはあまり言わないだろう。おかしい。

子どもの立場からみて「ママ」だから、子どもの立場からみたことば、ここでは「ママ」という語をそのまま使うスタイルだ。「ママ、もう知らないから」だったら、幼稚園児にとどまらず大学生の子を相手にしても言えるくらいかもしれない。

子どもと親、学生と先生というように、年齢の差、格の差といったものがある場合、年下のものの立場から見た語をそのまま使うスタイルが、韓国語のほうが圧倒的に多いということに

なるのだろう。

それにしても大学のクラスの中で教授が自分のことをキョースニム（教授様）という使い方には度肝を抜かれ、理解し腑に落ちるのに数日を要するほどだった。したがって自分で使えるまでにはさらに数か月の歳月を要したのは言うまでもない。あるとき恐る恐る使ってみた。

「キョースニムが先週出しておいた宿題、考えてきたかな？」

「はーい」

と学生らは答える。訝しそうな顔をしているものは一人もいない。「ああ、こんなふうに言えばいいのか」。わき腹がくすぐったい感じが完全に抜け切ったわけではないけれど、最近はだいぶ慣れてきている。顔の皮が多少厚くなってきているのかもしれない。

「いっしょに」意識

「いっしょに」という意識が根底にあるのがここ韓国である。近しい人同士のこの「いっしょ」意識は、かなり度が強いといえよう。紐帯意識とでも言おうか。われわれはつながっているんですよ、という感覚。だから家族のつながり、親戚同士のつながり、友だち同士のつながりはすごいものがある。

これを象徴するのが「ウリ」ということばである。ご存じのことかと思うが、「ウリ」とは「わたしたちの」といった意味である。たとえば「ウリマル」「ウリナラ」。ウリマルは、わが国のことばつまり韓国語という意味。ウリナラは、わたしたちの国ということで「わが国」とか「韓国」ということになろう。

この二つだけではなくても、日常生活においてはこの「ウリ」なんとかということばがよく聞こえてくるのである。たとえばこの他にも「ウリフェサ」「ウリアッパ」「ウリドンネ」「ウリミエ」といったことばたちがあるだろう。ウリフェサはわたしたちの会社つまり「わが社」、ウリアッパはわたしたちのお父さんつまり「とうちゃん」、ウリドンネはわたしたちの町、ウリミエはわたしたちのミエで、ミエちゃんくらいの意味になろうか。わが子に対しても勿論使うが、かわいがっている子供（他人でも）に対しても「ウリミエ」「ウリユウナ」といったことばを使うのである。

いっぽう他人に対する態度は、普通はどちらかというとけっこう冷淡である。いっしょにやろうという仲間意識の強さは、ひるがえれば知らない者に対しては極端な冷淡という形で現われることになる。

バスの運転手とかタクシーの運転手さんたちは普通はつっけんどんだ。質問しても、親切な顔で教えてくれることは普通にはあまりない。「めんどうくせえな」といった顔をつくり、だいぶ時間がたってからしぶしぶ教えてくれるという按配だ。こちらとしては「あ、無視されたかな」と思ってしまうくらい。もちろんたまにはものすごい親切な運転手さんもいるにはいる。日本の百分の一に満たないであろうけど。そういう人にあたると、逆にものすごくうれしいことになる。日本ではごく普通なのだけど、韓国でそういう人に当たるととてもありがたい気持ちになるから不思議だ。

韓国の友といっしょになべをつつきながら思った。この熱い繋がりのように、共に笑い、共に励まし、共に声をかけあっていける日本と韓国だったらどれだけすばらしいことだろうか。つくづくそう思うのである。

おりしも今日は韓日修交五十周年記念の日だった。二〇一五年六月二十二日。午後からレセプションがあり、韓国では日本大使館が主催してパク・クネ大統領が出席し、日本では韓国大使館が主催し安倍首相が出席した。同じナベをつつく両国になれるかどうか。政治家に大きな期待をすることは土台ばかげたことではあるが、こういう五十年に一回しかない特別の日に、なにかを期待するのが人情というものだ。

これを書きながら心からの祈りをささげる次第だ。韓国独特の鉄製の箸がナベに当たる音が、遠くに聞こえている。これは空耳なのか。啓示なのか。なんでもいい。とにかく天の力を借りてでも、玄界灘で隔てあう二つの国が、お互いに抱擁しあう日が一日もはやくやってきてほしいものである。

三　韓国の医学
한국의 의학

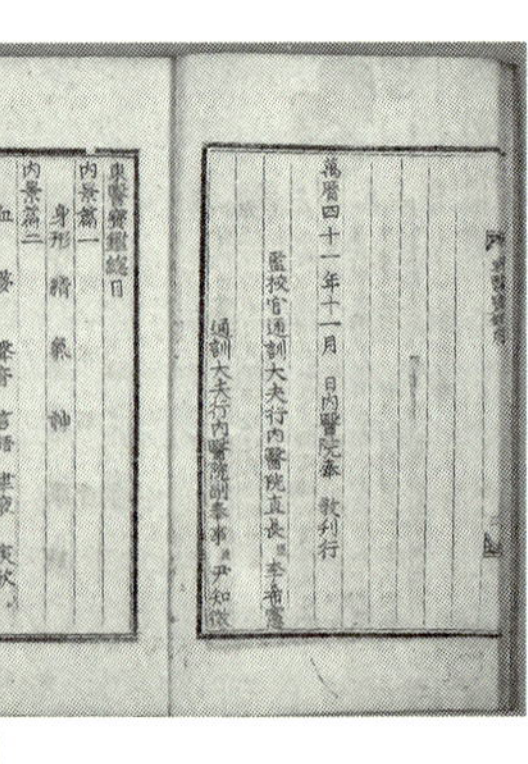
萬曆四十一年十一月 日内醫院奉 敎刊行
監校官通訓大夫行内醫院直長 臣 李希憲
通訓大夫行内醫院副奉事 臣 尹知微

東醫寶鑑總目
内景篇一
身形 精 氣 神
内景篇二
血 夢 聲音 言語 津液 痰飲
内景篇三
五臟六腑 肝臟 心臟 脾臟 肺臟
腎臟 膽腑 胃腑 小腸腑 大腸腑
膀胱腑 三焦腑 胞 蟲
内景篇四

『東医宝鑑』

漢医学と韓医学。前者は中国の医学、後者は韓国の医学という捉え方でいいと思う。西洋医学とはかなりちがった医学である。東洋医学と呼んでもいいかもしれない。こう呼べば日本の医学も含まれてくることになる。しかし日本の伝統医学というものは、明治時代にすっかり廃れ、ぼほ百パーセント西洋医学になってしまっているため、東洋医学といったら、やはり漢医学と韓医学ということになるのだろう。

韓国においては、韓医学というものはかなり生活に密着していて、素人の人々が集まって東洋医学を勉強するようなサークルもたくさんある。わたしもそうしたサークルの一つにはいってハリや韓薬や薬草、経絡・つぼなどについて数年間勉強させていただいた。インドンチョというのがわたしが属しているサークルの名前だ。

韓国で独自に発達してきている韓医学。その基本書で二五巻からなる医学書が『東医宝鑑』という本である。これは「ドンウィボガム」という発音となり、著者は許浚（ホ・ジュン）という韓医者（ハンウィサ）。ちょうど秀吉が朝鮮出兵して起こした文禄・慶長の役（韓国では壬辰・丁酉再乱）のころに活躍した人で、韓国では医聖といわれている。ドラマ、小説でおなじみの人だ。前置きはだいたいこれくらいでいいだろうか。

1．韓医院(ハンウィウォン)

命の危機!?――はじめての韓医院(ハンウィウォン)

韓国文化のなかの個性十傑といえば、韓医院(ハンウィウォン)をあげないわけにはいかないだろう。これは日本にはないものであって、韓国独特のものである。

こっちに住むようになってはじめて韓医院に行ったのは、二十年以上前のことだ。だいぶ昔のことだけど、そのときのことはよく覚えているのである。韓国生活も三、四年ほど経って若干疲れがたまってきていたころだった。特にどこが悪いということではなかった。かみさんの友だちがよく効く韓医院があるからと教えてくれたもので、ハリをうってもらって韓薬(ハンヤク)を処方してもらうといいわよということだったので、新しいものを経験してみてもいいかなと思い、かみさんに伴われて行ってみたのだった。韓国語はほとんど困らなかったが、韓医者(ハンウィサ)の問診となると話は別だ。そばのかみさんが全部答えてくれた。ソウルのカンナムにある韓医院で、大きなビルディングの二階にあった。

五分ほどの問診が終わると、そばの寝台に寝そべるように言われ、上半身裸の状態で寝台に寝そべった。頭の上のほうからハリをうち始めるのがわかった。痛いという感覚ではない。でもハリが入っていくときピリッという刺激があるのだった。首のほうへいき、背骨の両わきの

韓医院

あたりを上から下のほうへ何十本もハリをうってゆく。マッサージをうけて気持ちいいような感覚もあったが、次第に意識がなくなりそうな気がしてきた。朦朧とした意識の中で、ちょっと離れたところに控えていたかみさんに声をかけた。

「意識がだんだんなくなっていくようなんだ」

額から脂汗が流れ、顔面蒼白となっていたらしい。かみさんは大慌てで韓医者に言った。「ちょっと様子が変ですよ。ハリ、すぐ抜いてください」と。頭から腰まで背骨をはさんで二列にうたれていたハリが即抜き取られ、わたしの意識も生き返り脂汗もおさまった。

あとで知ったことだが、はじめてハリをうたれる場合、ときどきこのようなショック反応のようなものがみられる人がいるということだった。こんなときには、ハリは即、抜かねばならない。へたをするとそのまま意識が戻らなくなることもあるということだ。

そばにかみさんがいなかったら、もしかするとそんなふうになっていたかもしれない。ある意味九死に一生を得たといっていいかもしれない。一般の病院（西洋病院）でも韓医院でも、病院にいくときには一人で行くことは避けよといわれているが、このときの経験からそのことがつくづくと思い知らされたものだ。

韓医院、二度目の挑戦――数万円の韓薬

韓医院の初体験は失敗ということになったものの、このときはどこか治そうとしていったのではなかったゆえ、ちょっと悲惨な結果だったが後悔はなかった。ただ韓医院というところは、ちょっと恐ろしいところであるという印象が残った。

そんなこともあって次に韓医院を訪れたのはそれから十年後くらいのときだった。このときは中央大学校で非常勤講師をしているときで、早朝から夜遅くまで講義の連続だった。場所もあっちへいったりこっちへいったりと目が回るほど忙しく走っていた。

突然ある朝起きられなくなってしまった。胸のつまった感があって身体全体に力がはいらない。朝起きておかゆを食べて静かにしていると少し力が湧いてきて、起きて歩くぐらいはできそうになった。歩くことはできても講義するのはちょっと無理だった。講義のほうは代講を頼んだ。

こういうときこそ韓医院がいいということで、なんとか足に力がはいるようになった体で、やはりかみさんにともなわれて韓医院に行った。前とはもちろん別のところである。韓医院は街のいたるところにある。人気のある韓医院のせいか、待合室は人、人、人であふれていた。これは何時間待つことになるだろうかと暗澹たる気分になったが、意外に短い時間で順番が回ってきた。院長が大きな診断をし、そのもとで働いている韓医者たちや看護師らが大先生の診断にしたがってハリやブハン（吸玉）などの治療をする形になっていたからのようだった。

先生はわたしの顔をじっと見て、手首に指をあてて脈をみたりした。それから体の状態について二言、三言問診すると診察は終わった。三分くらいだったろうか。ハリはうたず、韓薬の処方だけだった。韓薬というのが、麝香などを使うため数十万ウォン（数万円）という値段だったが、なんとか体力をつけねばならぬ身であるゆえ、数十万ウォンもそのときはなんの違和感もなく払えた。

家に帰るとさっそく飲んでみた。十センチ角くらいの真空パックされたビニールの袋に、濃いコーヒー色の韓薬が入っている。一袋飲んだ瞬間、腰のあたりから背骨、そして体全体に力がみなぎってくるのがはっきりと感じられた。

これはまたなんと！　ちょっと効きすぎるのではないかという不安も一方にはあったけれど、講義できる身体を回復するのが先決問題だ。わたしは喜んでこの韓薬を飲んだものだった。次の日から朝の目覚めもだんだんすっきりとするようになり、メシも食え、元気に講義場に行くことになった。

韓薬は普通短くても一週間、長い場合は一か月とか三か月（六か月）分が単位となっている。このときは確か十日分くらいだったと思う。次の日からほとんど問題なく講義ができるようになったが、韓薬は十日分しっかりと飲んだ。西洋の薬（洋薬）と比べ一般に副作用がなく、体によい成分でできているから、全部飲んでも大丈夫なのだ。この点が韓薬の大きなメリットであろう。

ハリ治療リベンジ――洋医・韓医

その後の韓医院体験は、天安に引っ越してきてから一回。娘と部屋で足相撲のようなふざけっこをしていて、娘の足がわたしの右手親指を直撃。娘は中二くらいだったが、まともに入ってしまい強烈な痛みが走った。ふざけていたおれが悪いのだ。いい歳をして蹴りあいだと！　しかも中二の娘と。情けないことに、痛くてうずくまってしまった。娘も心配そうに大丈夫？　と聞く。なんともないよと答えてはみたものの、右手の親指が動かなくなっている。

こんなときも韓医院だ。すぐ近くの韓医院に行った。女性の韓医者で、壁に貼ってあった略歴を見ると、はじめは一般の医学部で西洋医学を勉強し、医者の資格を取ってどっかの大きな病院に勤めた。そのあとでもう一度韓医学科に入りなおし、六年の課程を終えたあとで今度は韓医者の資格を取り、こうして自分の韓医院を開いている人だった。洋医者、韓医者両方の資格をもっている医者はそう多くはないはずだ。両方の資格をもっているんだったら、おそらく洋医者として仕事をしている人のほうが多いのではないだろうか。この女医のように両方の資格がありながら韓医院を開いている人は、ほとんどいないのではないかと思う。

短い問診のあとすぐハリ治療にはいった。カーテンで仕切られたベッドが十五、六個くらい並んでいる。ハリを数か所、つぼにうったあと、二十分から三十分ほどはそのまま安静にしている必要があるため、このようにたくさんのベッドがおいてあるわけだ。先生も忙しく、わたしとてハリを打たれる緊張があったため、両方の資格をもっていながらなぜ韓医院をやっているのかと先生に質問するのを忘れてしまったのが惜しい。ただ、やってくる患者としてはなんとなく心強い感じはあった。西洋医学の土台の上に韓医学のハリ治療が施されるわけだから。

一回の治療で右手親指の痛みがだいぶ取れ、少し動くようになった。二回目の治療で動かせる範囲が倍くらいになった。あと数回治療を受ければ全快しますよと言われたが、マッサージなどをしていけば自分で治せるだろうと判断し、それ以上は行かなかった。

痛めたとき即ハリ治療をするのが重要みたいだ。初期治療に成功すれば、あとは自分の体が自分で治してゆくのである。洋・韓両方の資格をもつ女医の先生のハリがどんぴしゃりと効いて、初期治療は完全に成功し、その後はときどきマッサージをしていたらいつの間にか完治していた。捻挫、脱臼、肉離れ、筋が伸びたといった症状には、ハリが非常によく効くのである。

古朝鮮から続く伝統

授業中、学生らに聞いてみる。「韓医院に行ったことある人は?」と問うと、三十人のクラスなら二十人以上は手をあげる。たいていはハリ治療である。たまにハリはせず、体力回復のための韓薬（ボヤクというもの）を処方してもらうだけというケースもある。わたしの昔の体験のように。二十代そこそこの若者がハリ治療をうけるという光景は、日本ではたぶんほとんど見られないものじゃないかと思う。そこはさすが韓国だ。ハリは怖くないかと聞くと、怖くないという。おじいさんもおばあさんも、お母さんもお父さんも皆見てきたしやってもきたからだろう。ハリというものに対して誰でも親近感を持っているのである。

ハリをうってもらったことのない学生でも、ハリというものはこちら韓国では特別のものではなくて、鉛筆や消しゴムのようにどこででも見られるものであり、まったく違和感のないものなのである。

それは故なきことではない。韓医院で働く韓医者は韓医学を勉強するわけだが、この韓医学というのは、古朝鮮にまでさかのぼるのである。ハリ、灸などの基本的な部分は韓国の地にもとからあったもののようである。韓国のオリジナルといってもいいのかもしれない。何千年という伝統の上に成り立っているものである。三国時代（紀元前五七年くらいから紀元六六八年ごろまで）のころに中国のほうから漢医学がどっと入ってくることになるが、韓国オリジナルなものに漢医学が接木された格好だと思う。

許浚（ホ・ヂュン）『東医宝鑑』

韓医学といえばこの人のことを忘れることはできない。許浚（ホ・ヂュン）である。ちょうど文禄・慶長の役（韓国では壬辰・丁酉再乱。一五九二年および一五九七年）のころに活躍した人で、韓国では医聖といわれている。中国では三国志にも登場する華佗（ファタ）が有名であるが、許浚という人はこの華佗にも匹敵するほど有名でもあり実力も高かった。

許浚が青年のころ、彼に医学の手ほどきをしたのがユ・ウィテという師匠。このユ・ウィテが亡くなるときに「わが体を解剖して勉学に役立てよ」という遺言を残していた。許浚は師の臨終を看取ると、涙ながらにさっそく解剖にとりかかり、大いに学んだという逸話はあまりにも有名な話である。

許浚

東方に位置する韓国の医学を許浚は東医学と呼んでいたようだ。「わが国は東の方にかたよっているが、医学と薬の道(どう)が途切れることなく続いてきており、わが国の医学は〝東医〟といえよう」ということばを許浚は残している。一番の東は倭国つまり日本であるが、中国などから見れば韓国は東にある。許浚のことばには、韓国の医学すなわち〝東医〟に対する自負と矜持が強く感じられる。数千年の伝統の上に立つ〝東医〟ここにありと、高らかにうたいあげていて、気分は爽やかである。

許浚の残した功績で最も大きいのは『東医宝鑑』という医学書を著したことであろう。十余年の歳月をかけて一六一〇年に完成をみることになった。二五巻二五冊から成る。これは当時の医学知識をほぼ全部網羅する臨床医学の百科全書のようなもので、「内景」「外形」「雑病」「湯液」「鍼灸」の五つの部門から構成されている。『東医宝鑑』が出版されるや、中国と日本にもすぐに伝わり、今日に至るまで延々と出版され続けてきている。韓国の韓医学科の基本中の基本の教科書が現在でもこの『東医宝鑑』なのである。四百年前の科学書（医学書）が今もそのまま使われている例って、他の国にあるだろうか。日本以外でもよい。たぶんないと思う。万葉集や源氏物語といった文学書は、千年を越えて今なお読みつがれ、研究されつづけているが、科学書でそういうのはないとわたしは思う。そんな面からもこの『東医宝鑑』は傑出した書といえるのである。

ドラマ「東医宝鑑」は手を変え品を変えしながら何年も放映されているし、「小説　東医宝鑑」や「マンガ　東医宝鑑」といった本が最近でも新しく出版されている。「ウェルビーイング（well being ＝心身ともに良好な状態であること）」が叫ばれる現代にあってはこうした健康の根本に迫る本こそ、さらにその価値が高まっているのかもしれない。

西洋医学の場合は、熱が出たら強引に下げる。下痢をすれば強制的に下痢止めを飲ます。そういう対症療法がメインだ。なぜ熱が出ているのか、なぜ下痢になっているのか、その根本的原因は何なのかを問題にしない。悪いものができたら切ったり焼いたりする。なぜそういうものができたのかという原因には迫らない。

それに対して東医宝鑑に代表される韓医学（東医）、さらに広く東洋医学は、もうすこしやさしく体と対話する。なぜ下痢をしているのか。腹に入った異物を体がみずから気づいて外に出そうとしているのだろうと考える。悪いものができても、なんらかの必要があってできているんじゃないかと考える。そんなのんびりしたところがわたしは好きだ。

2．ハリ治療

ハリ勉強サークル、モイム

韓医学では、人間を小宇宙とみなし、この小宇宙と大宇宙は一体のものととらえる。宇宙の運行原理は、大きくは陰と陽の二つ。そして木（もく）、火（か）、土（ど）、金（きん）、水（すい）の五つの組み合わせの五行からなる。この陰陽と五行が基本となっている。いわゆる陰陽五行説と称されるものである。診断、治療、薬の処方とすべてこの陰陽五行説を根拠として行われる。

ハリ治療や灸などでは、これに経絡といわれる気のめぐる細いパイプのようなものが根拠となる。経絡というのは気の通り道のことで、経穴はその上の要所要所にあるプラットホームのようなものだ。経穴は普通「つぼ」といわれるものだ。百会とか合谷とか足三里というつぼは聞いたことのある人も多いにちがいない。

こういった基本のつぼは、わたしも一応マスターしている。ハリについて勉強するサークル（こういうのをモイムという）インドンチョで、足掛け七年くらい学んだからだ。こういうモイムは韓国の場合、全国に数十あるいは数百あるにちがいない。普通の主婦やサラリーマンらが自主的にハリや灸について学んでいるのである。絵の同好会とか韓国語の同好会といったものが日本にはたくさんあると思うけれど、そんなノリでこちらでは鍼灸学のモイムがあるのである。

こういったモイムの場合、月会費がたいてい二万ウォン（二千円）くらいで月に一、二回集まってともに学ぶ。構成メンバーとしてはハリについて少し詳しく知っている先輩格の人がいてモイムを統率する。その下にこのボスよりは詳しくないが全くの素人でもないメンバーがボスを支える。その下にわたしのようなド素人がいる。

上下関係というのは基本的にはなく、だれでも一律に会費を出し総務が会計を担当する。会を運営する上でだれかがボスになる必要があるためボス（会長）というポストがあるだけだ。年が変わればボスもまたかわりうる。ボスが講義をしたり支えのメンバーが講義をしたりして、何か月か経てば、わたしのようなド素人だった人がある種の講義を担当したりしながら会の雰囲気は和気藹々である。同じ関心をもつ者同士が利害抜きに集まってともに学ぼうとする性格だから、雰囲気は望まなくても楽しいものとなる。

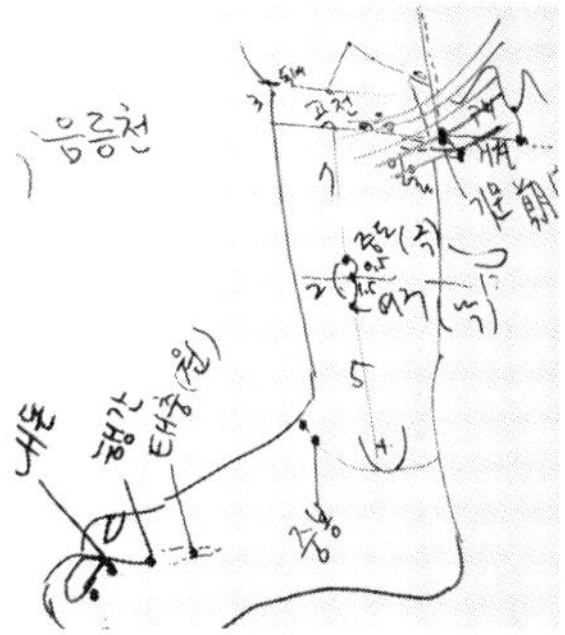

ハリの勉強

女性も多いから、ときどき家で作ってきたサンドイッチとか果物などが振舞われることもある。食道楽も楽しめる仕組みだ。学びながら自分の体に自分でハリをうつことが基本だ。その痛みもよくよく味わうのである。

つぼの位置によって痛みは千差万別だ。また、同じつぼでも、ハリを刺す角度やタイミング、スピードなどによっても痛みの度合いがちがう。だから上手な人にうってもらうとあまり痛くないという現象もでてくるのである。

指の先っちょにあるつぼは、二ミリくらいハリをいれる。陽陵泉という足のほうにあるつぼには八から十センチくらいハリを差し込む。十センチ入れてもなんら痛くないこともあるし二ミリでも飛び上がるほど痛いこともある。痛いから効くということでもない。腰や肩が痛いときなどでは、あるつぼにハリを刺した瞬間、痛みではなくビビッと電気のようなものが走るような感じがすることがある。この感覚があるときは百パーセント大きな効果があるときである。

ハリの刺激が「シウォナダ」なのである。シウォナダといのは「気持ちよい、涼しい、すっきりする、楽になる」といった意味を持つ純粋な韓国語である。肩こりがあるとき上手な人が指圧やアンマをしてくれたらどうだろう。とても気持ちいいはずだ。こんなとき「ああ、シウォナダ」というのである。

わたしも足をくじいたとき、インドンチョのメンバーにハリを打ってもらったが、ハリをうたれた痛みじゃなくてシウォナダと感じたことが三回ほどあった。

かみさんの腰にハリをうつ

ハリの実力を磨くために、自宅でかみさんに実験台になってもらうことがときどきある。しかしふだんはちょっと頭が痛いとか肩が痛いといってもなかなかハリをうたせてはくれない。わたしがハリをうってたまに効くこともあるが、痛いだけのことも多く（わたしは素人だ）、わたしのハリの実力を完全に疑っているからだ。

あるとき、かみさん、なにかものをもちあげようとした瞬間、腰がぴくっとなり立つこともできなくなってしまった。ゆっくりだきあげるようにしてベッドに寝かせ、指圧をしてやる。しかし痛みは取れずずっとうずいている模様だ。こんなときにはハリが最高なのだが。

彼女の腰の痛みはとれないばかりか、だんだん増してきているみたいだ。勇気を出してわたしが言う。「ハリ、やってあげようか」。断られることを前提に言ってみた。意外にもハリをうってくれという。じっとしていても腰の左側がずきずきと痛むのだった。これはチャンスだ。

ハリの痛みよりも現実の体の痛みが大きい場合、ほとんどの人はハリをうってくれという。ときおり、注射も大嫌いだしハリなんてとんでもない、どんなことがあっても嫌だという人もいらっしゃるが、今あるこの痛みをなんとかしてほしいと思うから、ハリでもなんでもやってくれということになる。

わたしは丁寧にハリを消毒し、おもむろに腰の痛みによいとされる手の小指にあるつぼにハリを刺す。ふだんはあまり痛くもないのに「ぎゃーっ」とか「うおーっ」などと、から叫びをあげるのだが、このときばかりはちがっていた。ハリをぎゅっと刺したのだけれど何も言わないでじっとしている。腰の痛みでしかめっつらになっていた顔が、ちょっと明るくなったようにわたしには見えた。

ハリをうつときは、患者の表情をつぶさに観察することも基本なのである。「どう？」わたしが声をかけてみる。「ハリを刺した瞬間びびっと腰まで電気が走るように感じたの。ハリ打たれた部分も全然痛くなくて、シウォナダって感じなのよ」彼女は言った。これはすごい。文字通り「つぼ」にはまったのである。二、三十分ハリを刺したまま安静にしておく。それから静かにハリを抜く。腰のずきずきはきれいになくなっていたのである。

このときは大いに感謝されたし、わたしとしてもうれしかった。ハリの偉大さを知ることにもなった。いつもこうだといいのだけれど、こんなにドンピシャリと効いたのは後にも先にもこのときが唯一のことだ。その他、二回ほどこれに似た現象があったが、このときほどではなかった。いまでもまたにハリをうってあげることはあるけれど、あのときの奇跡的な効果は現われてはいない。

資格のない名人と、潜む危険性

ハリを勉強してどうするのか。自分と妻と子どもを相手にするのみである。外でハリを使うのは、インドンチョという同好会の場か、あるいは老人ホームなどへの奉仕活動の一環としてやる場合だけである。韓医者の資格のない者が有料でハリをうつのはもちろん違法であるのはいうまでもないが、無料でもほんとはやってはいけないのだ。

ただ、老人ホームの施設のほうから「是非いらしてハリをお願いします」と要請があれば、それじゃ勉強の一環としてやらせていただきますという姿勢でやるのである。こうしたボランティアでハリをうつ場合は、ハリの消毒を入念にやり、危険なつぼには絶対にうたない。

危険なつぼというのは、首の部分とかおなかのあたりのつぼで、うまく入ればなんの問題もないけれど、多少ずれたり何らかの相性が悪かったりすると、ハリをうったあと痙攣を起こしたり意識を失ったりすることがある。ハリが原因ではないのにたまたまおじいさんの脳血管が破裂するなんてことも起こりかねない。ハリをうったあとでこんな症状がでれば、ハリをうったものにその責任が科せられることになるだろう。したがって家の外ではハリを使うことは極力避けるようにしている。

二〇一五年二月（二十四日）、KBSのニュースで、無許可の者が二十代の女性にハリ治療を施し、女性が腹膜炎になって数日後に息を引き取るという事件が報道されていた。くわばらくわばら。こんなニュースがそう珍しいことではないのも、韓国ならではのことであろう。

こういう想定外の事故もあることはあるが、韓医者の資格がなくてもハリの達人といわれる人たちが、人知れず在野に隠れていることがときどきある。看板を出しているわけではないけれど、口コミで知れ渡り、韓医院よりも患者がよく行くといったケースもあるようだ。違法ではあるが、ハリの効き目が絶大であるため一回かかって治った人が友達や親戚の人たちに教え、この人たちがまた治り、というのを繰り返す形でお得意さんが増えていくのである。やりかたとしては、料金をとるというやりかたではなく、治ったことに対するお礼、お布施といったニュアンスでやるのである。こうすれば少なくとも営業活動ではないから違法は違法だけれど取り締まりが入らないというわけだ。人々の苦痛を取るという「ためになる」仕事をしているわけだから、警察などもわかっていて大目に見てくれるのであろうと思う。

こうしたハリの達人のほうが、韓医院の韓医者よりも効果があることが多いのは、故なきことではない。民間に隠れている達人たちは、理論も理論だが、無数の臨床の経験をもっている。たいていはおじいさんだ。経験から割り出されたつぼの位置、ハリをいれる深さ（深いときは十五センチ以上も入る場合がある）、こういったいろいろのファクターを全て把握しており、患者をみた瞬間ほぼ自動的に手がうごいてハリをうっているほどだ。

それに対して一般的な韓医院というのは、速攻で治すというよりは、患者にはのちのちまた継続して来ていただくことが、ある意味もっと重要だ。理論の裏打ちがあるからこの痛みのときにはこのつぼというふうに、必要なつぼは勿論把握している。

しかしそのつぼにハリを刺す場合、深く入れると痛いから痛くない程度に浅めにハリを刺すことも多いという。それでも勿論効果はゼロではないから何度か足を運んでもらえば完治も可能だ。「回数は多くかかったがあまり痛みを感じないで治った。ありがとう。次にまたどっか痛くなったら来てみるか」ということになる。

韓医院でのハリ治療は、目覚しい効果よりも痛みを与えないようにうつのがポイントのようだ。だから韓医院よりも、資格のない名人がハリの術に優れている場合があるのも、うなずけないことではないのである。

3．韓医学と西洋医学

科学的に証明された「経路（気の流れ）」

人間の体には、血液の流れとリンパの流れのあることはよく知られている。韓医学の場合、これにさらに気の流れがあるとして、これを経絡といっている。縦方向が経脈で横方向が絡脈で合わせて経絡となるわけだ。西洋医学の場合、この目に見えない経絡の存在を認めないため、東洋医学とかハリなどをちょっと強いことばでいうと「ばかにする」ことになるのである。気の流れ？　そんな抽象的で得体のしれないものを医学の場に持ち込まないでほしい。それが西洋医学の立場である。

ところが最近（たしか二〇一三年）韓国の東洋医学系の教授が、これまで想像上のものと思われていた気の通り道である経絡を、特殊なカメラで撮影することに成功したのである。アメリカの学会誌に発表されたこの論文は、韓国でも話題となり新聞紙面をにぎわした。ミクロン単位の細さのようであるが、たしかに気の道が写っている。東洋医学、韓医学上の快挙といえよう。東洋医学の世界では、数千年前から経験上知られており、そこにハリをうつと効果は確かにあるのだが、これまでのところ〝科学的〟根拠がなかったために西洋医学のほうからはけっこう無視されてきていたのだけれど、この論文を契機に、「濡れ衣」が晴らされることに相成ったわけである。

〝科学的〟でないという理由で無視されている現象は、この気の通路すなわち「経絡」だけではない。祈りの力とか火事場の馬鹿力といったこと、さらには臨死体験とか霊の存在といったものまで、あげればきりがないけれど、こういうものが無視されているのは単に現在の科学では証明できない、というだけのことであって、新しい方法によって経絡の撮影が可能になったように、これから出てくるであろう何らかの新しい方法によってトンデモ現象とされていたことたちが、「本当にそうなんだ！」と大向こうを前に高らかに宣言できる日も遠からずやってくるだろうとわたしは思っている。

見直される韓医学

韓医学がすこしずつ名誉挽回しつつある昨今である。前述の経絡の写真撮影の影響がどれほどあるのかは筆者にはわからない。けれど、洋医者がハリ治療をうけようとしたり（同僚の洋医者には内緒で）、洋医者が、自分がガンになったら抗癌治療はうけず韓医院にいって韓薬を処方してもらうと公言するケースが増えているのは事実だ。

大学の韓医学科も一昔前までは四年制だったが、今は六年制となり洋医学と同等になった。難易度も洋・韓医学科ともに同じくらいのようだ。日本の場合、「裏口入学」という単語が存在するくらいお金の力で入学する学生がちょこちょこいると聞く。特に医学部でのケースが

「裏口入学」の大部分を占めているはずだ。

こちら韓国も賄賂、不正の世界では上位圏にランクされる実力だろうが、大学入学とくに医学部への不正入学という話になると、なんとほとんど聞くことはないのである。医学部入学に関しては、日本よりも厳正にやられているんじゃないかというのが、筆者の感覚である。日本をはじめ他の国も同様だが、医学部の難易度が一番高いのは韓国も同じ。

厳しい関門をくぐって、ある者は洋医者となりある者は韓医者となってゆく。かたや病院勤めとなり、かたや韓医院勤めとなる。こちら韓国では、韓医院も健康保険が勿論適用される。そういう意味でも洋医と韓医は同等のはずなのだが、どうしても洋医が韓医をちょっと見下している部分というのはまだまだあるようだ。韓医の位相があがってきているにもかかわらず。

韓医院でX線使用はダメ

たとえばこんなことだ。韓医院でX線の使用を認めてほしいと国に要請すると、洋医たちがスクラムを組んで反対するため、韓医院でのX線使用の許可がいつまでも下りないことがある。大学で勉強する量、質とも洋医学と韓医学は同レベルであり、双方ともに保険対象であることを考えると、韓医者らがX線を使用することはあまりにも当然のことだとわたしには思えるのだけれど、洋医者たちが死に物狂いで反対する。韓医院でX線が使えるようになると患者がどっとそちらのほうに流れていくとでも考えているのだろうか。韓医院でのX線使用は、即刻、認めるべきだとわたしは思う。
そんなおり、二〇一五年二月十一日の大手新聞の一面下の広告欄におもしろい広告が出ていた。Ｘ線を発見したドイツの物理学者レントゲンの顔写真を大きく配置し、「この人は医者ではありません」とヘッドコピーがついている。本文の内容もそんなに長くないので参考までに全部載せてみる。

この人は医者ではありません。

この人はＸ線をはじめて発見したドイツの物理学者ビルヘルム・コンラード・レントゲンです。彼は、この発見で莫大な財を築くこともできましたが、Ｘ線は全ての人類のものであるという信念から皆の福祉のために特許出願をしませんでした。

科学は医療技術の発展に大きく寄与しています。ところが大韓民国の韓医学だけは、科学技術の活用ができないという現実にぶつかっております。韓医者のＸ線および超音波診断機などの医療機器使用の制限は、国民の不便さを招くのは勿論、韓医学の発展を妨げているものです。

Ｘ線は全人類のためのものです

まさに今、韓医者のＸ線および超音波診断機などの使用でもって、国民全部が便利な診療および治療をうけるべきであります。

韓医学会が載せた広告である。切実さがひしひしと伝わってくるではないか。

X線の発見者がこれは万人のためのものとして特許申請をしなかったというではないか。安全に扱える知識さえあるなら、何人(なんぴと)でも使ってくださいという発見者の遺志を尊重するなら、韓医者が使用し診断に役立て公益に資するということは、あまりにも当然のことだろう。韓国では洋医学界のエゴのため、誰の目からみても自明のことがなかなか認められないようである。外国人が当事国の政策に対してあれこれ述べるのも野暮かとは思うけれど、洋医学界のカプチルに憤怒を感じてしまうのは抑えようもないのである。カプチルとは、「甲質」という字で表わされるもので、権力あるものが下のものを搾取するやりかたのことである。最近の韓国での流行語の一つだ。

4・霊砂(ヨンサ)の名人、崔オルシン

幻の薬

ある日、同僚のロシア語教師、ギョン・ソング教授がわたしの研究室に来て「キグチ・キョースニム、ヨンサって聞いたことある?」と聞いてきた。

「ヨンサ? いやいやまったく聞いたことないよ。何だい? その、ヨン……?」

「ヨンサ。霊的の霊という字に砂で霊砂（ヨンサ）」

「ヨンサマなら知ってるけど、ヨンサっていうのは知らなかったな。漢字の雰囲気からすると、なかなかの響きだね。で、いったいそれ、何なの？　何かのクスリかい？」

ちなみにヨン様は韓国語でも「ヨンサマ」という。

「『東医宝鑑（ドンウィボガム）』には書いてあるんだけれど、実際にヨンサを持っている人は、たぶんこの世にいないと思う。まぼろしの霊薬とも言われていてさ」

「ほう、で？」

「そのヨンサを自分で作ってもっているという人がいるらしいんだよ」

「ええっ！　そんな稀少そうなものを自分で作ってるんだって？」

「きのう偶然、卓球場で居合わせた人から聞いた話なんだけどさ」

言いながら、ヂョン・ソング教授は次のような話をしてくれた。

卓球場で居合わせた人というのは、キム・ハンギルさんといって天安駅前近くで農機具店を営む四十代の人。ヂョン教授は、三か月ほど前からこの卓球場でキム・ハンギルさんと顔を合わせるようになっていた。

きのう、球を打ち合っていた相手同士が顔見知りだったらしく、「ダブルスしましょうか」となり、こっちとあっちのチームに分かれてゲームをした。三ゲームほどこなしたあと、このハンギルさんが飲み物を四本買ってきていっしょに飲みながらうちとけることになった。

ジョン教授が、ハリで卓球場に通う多くの会員を治療してやっているのを知っていたハンギルさんは、「ハリと韓薬（ハンヤク）の達人がお客さんの中にいるんです。八十歳という高齢にもかかわらず耕運機やトラクターなどをあやつるものすごいバイタリティの持ち主でね。きのうも耕運機の壊れた部品を買いに来て、一時間くらい話しこんで帰っていったんですよ」。

言いながらハンギルさんは、こめかみから流れおちる汗をぬぐい、ポカリスエットを一息に飲み干した。

「ぼく、卓球のやりすぎでひじと肩が痛かったもんで、そのことを話したらポケットからハリと消毒薬を取り出すや、手首と肩、ひじ、首のつぼをさっとひと拭きして、ハリをポンポンポーンてな感じで軽ーく打ってくれてさ。

そのまましばらくしたあとでハリを抜いてくれたんだけど、ひじと肩のあの重苦しい痛みが嘘のようにさっと消えてしまったんです。あれには驚きましたね」

肩やひじの具合いを確かめるように右腕を曲げ伸ばし、肩を大きくぐるっとひと回ししてからハンギルさんは言うのだった。

ハリの恐ろしい効き目にびっくりしてしまったが、崔オルシンの話が東医宝鑑に進み、水銀と硫黄を煮てヨンサを作るという話に至っては、すこし恐ろしくなってきたそうだ（オルシンというのは、年長の人を尊敬をこめていうことばである）。

「オルシン、そんな危なっかしいものを自分で作ったことあるんですか」

「もちろんじゃよ。家に行けばたくさんある。ちょっと譲ってやるかい？」

「いえ、遠慮しときます」

キム・ハンギルさんは、水銀の煮えたぎるさまを想像し空恐ろしくなって断った。

おばあさんの不思議な体験

チョン・ソング教授は、キム・ハンギルさんに関する話をここまですると、コーヒーを一口飲み込んだ。

「ゆうべ家でメシ食ってるとき、キム・ハンギルさんの話をなにげなくおふくろにしたんだけどさ。そうしたらなんと驚いたことにおふくろがヨンサを知ってたんだよ」

「えぇーっ！　なんで。なんで八十過ぎのおばあさんが、まぼろしの霊薬とも言われるヨンサのことを知ってるんだい？　東医宝鑑を研究したりしてたのかい？」

「いやいやそんなことあるわけないだろう」

冗談も休み休み言えよといった風情でわたしを見ながら、彼はコーヒーをまた一口ふくんだ。

「おふくろのおふくろ、つまりぼくのおばあさんに当たるわけだけど、そのおばあさんが、おふくろを生んだとき、産後の肥立ちが悪くて体力は衰え食べるのもやっとといった状態で横になっていると、見知らぬお坊さんのような人が玄関まではいってきて、これを飲んでみなされといって、赤っぽいつぶ状のクスリをいくつかくれたらしいんだ。お金も取らずにさ。正露丸は黒いけど、そのつぶ状のクスリは、形や大きさや柔らかさは正露丸のようで、色はちょっと赤っぽかったらしい（ちなみに韓国にも正露丸はあって、東星製薬が提携して作っている）。で、それをさっそく飲んでみたら血の巡りがよくなるっていうのか、体の隅々にまで血がめぐるのが感じられて、栄養が回るようになったんだろうか、それまでの体調不良がうそのように回復していったんだとさ。

お坊さんらしき人は別れ際に、これはヨンサといって体力が衰えたときとか血のめぐりが悪いときに特効のあるクスリだと言ったそうなんだ。

このクスリで体力が回復したんで、おばあさんはいつもおふくろに、ヨンサってクスリがあれば必ず買って置くようにって言ってたらしいんだ。

おふくろは実際には見たことはないけれど、その名前だけはしっかりと頭の片隅に焼き付けていて、すぐに反応してヨンサが手に入るんだったら少し高くてもいくらか買いなさいって言ったんだよ」

へーっ、不思議なこともあるもんだね、と彼の話を九十九・九九％信じながらわたしは答えた。

韓国ではよくこうした不思議な話を聞く。

あるとき、乞食のような人がはいってきて言うには、今この家で具合いの悪い人がいるが、川辺に行ってそこに生えているタンポポと木の枝を取ってきて三時間ほど煮詰め、その汁を飲めば病気は治るであろうという。その通りにしてみたらほんとに治ってしまったとか。

他にも、白髪でひげぼうぼうの仙人のようなおじいさんがやってきて、何か恵んでくれという。米を一升袋に入れてあげたら「ひとことお告げをしていく」として、この家の長男は新羅の将軍の生まれ変わりだから、大切に育てなさいと言ったとか。実はここの長男、手に負えないほどの腕白坊主だったらしいけど、おじいさんの「お告げ」のあった日からがらっと人が変わり、大いに勉学に励み、当時としては珍しい理学博士となって大学の教壇に立ち、定年後は生まれ故郷に帰り、大きな財の寄付をするとともに村長として村の発展に大きく寄与したという。こういう話は枚挙にいとまがない。

崔オルシン宅訪問

「実はキグチ・キョースニム」とヂョン教授は続けた。

「実はその崔オルシンと連絡がとれていて、今度いつでもこっちの都合のいいときにオルシンの家に遊びにおいでということなんだよ」

「でも、そのヨンサ。水銀を煮えたぎらせて作るんだって？　劇薬中の劇薬である水銀をぐずぐず煮えたぎらせるって、ちょっと想像もつかないけどね。そんなことして大丈夫なのかな？」

「もちろん、かなり危険な作業だと思う。だからまぼろしのクスリなんて言われてるわけさ。

『東医宝鑑』の中にヨンサに関する項はあるけど、その作り方の詳しい記述はないんだ」

オルシンの自宅に行けば、彼が直接精製したヨンサが見られるし、いくらかで譲ってもらうことも可能かもしれない。どうやって作るのかも詳しく聞けるかもしれないということであった。どんな人なんだろう。会ってみたいという気持ちはいやが上にも高まるばかりだった。

三日後、ヂョン教授の車で行くことになった。ヂョン教授の無二の親友であるユンさんとわたしと、三人トリオで崔オルシンの自宅に向かった。この三人は、みなハリ同好会（インドンチョ）のメンバーで、ほぼ同年代の飲み友達でもある。

崔オルシンの家は、天安市郊外のプンセという田園地帯にあった。市内を抜け大きな橋を通り過ぎる。天安にしては珍しく大きな川が流れている。水鳥が数十羽気持ちよさそうに水浴びしている。ずぼんと水の中に頭を突っ込んではひょいと上げ、またずぼん。小魚を食べているらしい。羽をばたつかせながら離陸したり、反対に遠くから飛んできてすーっと着陸したり、思い思いの行動をとっている。自由そのものだ。

運転はヂョン教授。わたしは窓外に展開する水鳥のダンスを心置きなく観察していた。七十メートルほどの橋を渡りきるとすぐ左折。さらに五百メートルほど行って今度は右折。右折してからはかなり狭い道路となる。くねくねと曲がっていて先の見えない部分が何か所もあるので、スピードは出せない。

両側は田んぼになっていて、収穫前の稲の穂が重そうに首（こうべ）を垂れている。ちょっと道に迷ったあと五分ほど走るとオルシンの家はあった。韓国の伝統家屋だった。門を入るとマダン（庭）になっていて、奥のほうに母屋がある。

「チェ（崔）・オルシン、アンニョンハセヨ」

ギョン教授が明るく大きな声で挨拶する。ユンさん、わたしが、それにつづいてアンニョンハセヨと挨拶する。

「アンニョンハセヨ。ギョン教授、ようこそ。友だちもいっしょだね」

崔オルシンは、八十歳とは思えないほど張りのある声でわれわれを迎えてくれた。髪は短く刈り上げているが、毛の量は豊富そうだ。目鼻立ちも整っており若いころはかなりの美形だったろうと思わせた。背丈はわたしとほぼ同じの一六五センチほどで、筋肉質の腕を両側に大きく広げると、まずギョン教授を、そしてユンさんを、最後にわたしを、その両の腕（かいな）でやさしくハグしてくれるのだった。韓国では年がいっていてもけっこう普通にハグをする。そういう文化であろう（勿論朝鮮時代には、こういうことはしなかったはずだけれど）。

「この家は見つけづらいことで有名なんだが、すぐわかったかい?」

「ええ。一度だけ別の道にはいってしまったんですけど、なんとか着くことができました。庭にはにわとりもいて、自然がそのまま生きているって感じですね」

「そうかい。たまごもとてもうまいんだ」

崔オルシンは、駆け回って遊ぶにわとりを満足そうに眺めながら答えた。にわとりがコケーコケーコケーコッコーと鳴いた。

半透明な容器の中の、赤黒い粉

「ところでヂョン教授。きょうはヨンサを見たいということで来たんじゃったな」

「ええ。ヨンサなんて『東医宝鑑』の中に見えるだけのまぼろしのクスリだとばかり思っていたら、キム・ハンギルさんの言うには、崔オルシンが自分で直接作ってもっているということで、いやあ、驚いたのなんのって」

「ほう。ヨンサについて少し知っているふうだね」

「ぼくは全然知らなかったんですけど、母がたまたま知ってまして。母は祖母からヨンサによって生き永らえることができたんだよと、子供のころから聞かされていたようなんです」

「となると話は早い。これがヨンサだよ」

言いながら崔オルシンは、径四センチ、高さ八センチほどの容器を数個、机の引き出しの中から取り出して見せた。フィルムケースをちょっと大きくしたような容器だ。キャップは赤で、半透明な容器の中に赤黒い粉のようなものが見えた。

この粉のようなものがヨンサなのか。まぼろしのクスリと言われているあのヨンサなのか。

「さあ、一つ持ってごらん」と言いながら、オルシンがわれわれ一人一人にヨンサの入った容器を持たせてくれる。見た感じとはちがい、手のひらにずしりと来た。

「あれっ、重いんですね」

ユンさんが言った。

「比重一三・八の水銀から作られるものだからね」

わたしたちは、その重さに神秘の効能があるかのように、ヨンサのケースを右手に持ち、回したりゆすったりすると、今度は左手に持ち替え、あくまでもその重さの謎を解明しようとする探偵のようにいつまでも言葉少なに握りしめているのだった。オルシンが自分で手にとったケースのキャップを開けた。と、耳かきのような小さなスプーンでさっとひと盛りするとひょいと口の中に放り込んだ。

「わしはこれを毎日一回、こうやって飲んでるんじゃ」

「水は飲まなくてもいいんですか」

「ああ。水はいらない。舌の上において自然に溶けてなくなるまでゆっくり口の中で転がすようにして飲むのがいちばんいいんじゃよ」

十秒ほども経ったろうか。オルシンの口の中にはヨンサはなかった。笑うと歯並びのよい前歯が見えた。血塗られたように真っ赤だった。

霊砂をはじめて舐めてみる

「そんなに驚くほどのこともないぞ。ヨンサを飲んだら五分くらいはこうなる。粒子が細かいから歯の表面につくんだな。しばらくすれば全部おちてもとのようになるから心配はいらない」

その通りだった。コーヒーを飲みおしゃべりしているうちにいつの間にかあの血塗られたような赤はなくなっていた。すると突然、

「君たちも飲んでみるか」

言うが早いか、耳かきスプーンにさっとひと盛りすると有無を言わさずヂョン教授の口元へもっていった。ヂョン教授は、うんともすんとも言う間もなく口を開いてヨンサを口にふくんだ。次はユンさん。そしてわたし。間髪いれずに差し出される。無条件、口にふくむしかない。三人とも多少の動揺はあったものの、何年も飲み続けている生き証人を目の前にして安堵し、それぞれに顔を見合わせながら「大丈夫だよね」と目で確かめていた。

なにしろヨンサは劇薬中の劇薬、水銀から精製されるのだ。口に入れてびびらないほうがどうかしている。水俣病になる可能性はないのか。

われわれ三人組みは、クスリに対してまったくの素人ではない。趣味のレベルだけれど、韓医学（鍼灸学）を勉強して数年になるある意味ベテランだ。水銀公害で水俣病が発生したということも知っている。

ヂョン教授が口を開いた。

「オルシン、ヨンサは水銀から精製されるんですけど、水銀の毒はないんでしょうか?」

「水銀と硫黄から作るんだがね、水銀の毒は、硫黄の毒が打ち消しているんじゃないかとわしは考えておる。毒をもって毒を制すというやつじゃ」

「なるほど。毒をもって毒を制す、ですか。砒素という猛毒物質がありますが、ある種の病気は砒素のあの猛毒で治すといった概念と通ずるものを感じますね」。わたしがことばを続けた。

「うん、そういうこっちゃ」

オルシンは言うと、大きな声でアッハッハと笑った。笑い声も芯があって太い。この元気の源が、毎日飲んでいるというヨンサなんだろうか。わたしは聞いてみた。

「オルシン、先生のその健康、元気の秘訣が、ヨンサにあるとお考えですか?」

「簡単に断定できるものじゃないと思うが、このヨンサのおかげって部分は、多分に大きいはずじゃ。毎朝の腕立て伏せや深呼吸、田畑に出ての野良仕事、人々との対話、全部健康体を維持するのに役立っているが、やっぱりヨンサがいちばんじゃろうな」

ヨンサに対する絶対的な信頼が見て取れた。

崔オルシンの生い立ち

壁にトランペットのケースがかけてあるのが見えた。

オルシンは言った。

「わしは実は平壌の人間でのう。平壌第一中学校の応援団で吹いてたわけだが、このトランペットってやつがえらくわしの気に入ってのう。休みの日などは、小高い丘に登ってよく吹いていたもんだ。なんもかんも忘れてな。わしがトランペットなのかトランペットがわしなのかわからないくらいだった。

音楽の先生が三好っていう日本人の先生でな、ちょっと間違えるとビシッとムチが飛んでくるほど厳しい人だったが、音楽に対する愛情はなみなみならぬものがあった。ムチで何度か叩かれはしたが、そのおかげで今もこの歳でトランペットが吹けるわけだから感謝せにゃいかんこったし、実際、深く感謝してるわい」

そうか、そうなんだ。崔オルシンは北の人だったんだ。北朝鮮の人だったんだ。われわれ三人は約束でもしたかのように顔を見合わせ、苦労多かりし南下の過程、そして南朝鮮（韓国）での来し方を瞬時に悟った。オルシンは、はるか遠き平壌の空を眺めるかのようになつかしい視線を虚空に走らせた。車座に座る四人の上に、しばし沈黙がおとずれた。静かに語り始めたオルシンの話をまとめると次のようになる。

――父親が銀行員だったおかげで、子どものころは何不自由なく過ごした。下に弟妹がいたが、長兄であるチュンハク（オルシンの名前）によくなつき、長兄の言うことは百パーセント聞き分けるかわいい弟妹たちだった。日本による植民地時代（日帝時代）であったが、オルシンの通った中学校は、日本人と韓国人を区別せず対等に扱ってくれるちょっと開かれた学校だった。

ヂュンハクは、一般科目の成績もよかったが音楽と体育にも秀で、音楽の面では先生からトランペットをやれと言われてやったものだし、体育の面でも先生から柔道部に入ってやるようにと言われるほど見事な運動神経の持ち主だった。

柔道担当は田野村という日本人の先生だった。この先生もシゴクことで有名な先生だったが、ヂュンハクは田野村先生のシゴキをシゴキとは思わず、嬉々として柔道に励んでいた。めきめきと実力がつき二年生になるころには同級の中では一、二番を争うほどになっていた。百メートルは十三秒台で走り、蹴上がりはお手のもの。懸垂五十回は朝飯前という万能タイプだった。

一九四五年八月十五日。韓国解放の日。日本人の友人もたくさんおり、日本人の先生方も尊敬する人が多かったが、そうした人々は命からがら日本へと帰っていった。さびしい限りだった。韓国人の先生よりも日本人の先生のほうがヂュンハクは好きだった。実直で真面目で熱情があったからだ。とはいうものの、「解放」はやはりヂュンハクにとってもうれしいものだった。国を奪われた悲しみは、当事者でなければわからない。わかりようがない。

エリート大学生から、戦争の惨禍へ

解放の喜びに浸る中、優秀なヂュンハクはキム・イルソン（金日成）大学金属工学科に入学。当時大学に進学するのは一パーセントにも満たなかったろう。しかも名門・キムイルソン大学。

今の東大やソウル大以上に難関だった。二年生となり、いよいよこれから専攻の勉強ができるというとき、ユギオ（朝鮮戦争のこと。六月二十五日に勃発したので625、つまり韓国語の発音でユギオという）が勃発する。

家族いっしょに南下の途についたのはいいのだが、戦争というあのどさくさの中で家族とは生き別れとなり、ソウルの地を踏んだときには家族はヂュンハク一人だった。体がそれほど強くない母のことが一番心配だったが、母の消息を知るすべはなにもなかった。両手を合わせ一心に祈るのが精一杯だった。父や弟妹の消息も勿論わからない。

ソウルに着くとその英語力を生かして米軍部隊の通訳官として働くことになった。米軍兵とともに前線に出てゆき、共産軍（北朝鮮の軍隊）と戦ったりもした。敵軍と出会えば、やるかやられるかだ。銃で何人も殺ったものだが、いくら戦争とはいえ、人を殺めるのは気持ちのいいものではないとヂュンハクは強く感じた。

そうこうしているうち、三八度線が引かれ戦争は終わった。終戦ではなく休戦という形である。幸か不幸かヂュンハクは命永らえたまま休戦を迎えたわけだ。もと所属していた米軍部隊にしばらくいたが、その部隊が解散になるやヂュンハクもお払い箱となり、その後は行商をやったり市の嘱託の職員となって働いたりと、けっこう転々とした生活をすることになる。結婚もして子どもも三人もうける。

六十歳ごろにここ天安に田んぼと果樹園を買って定着することになる。子どもたちは皆結婚して独立しソウルや釜山（プサン）、大田（デヂョン）に住んでいる。夫婦二人で天安に住み、米や桃、りんごなどを作るお百姓さんとして暮らしてきていた。妻は十五年ほど前に先に天に召された。果樹の剪定、肥料やり、田植え、草取り、収穫と、すべて一人でやってきていたのである。しかも疲れた様子はみじんもない。だいいち、目が少年のようにキラキラ輝いている。その目の輝きが、崔オルシンの大きな特徴である。

5．受けつがれる秘伝の製法

霊砂に出会う

「オルシン、大変な苦労をなされたんですね。オルシンのような方がいらっしゃるおかげで今のこの国があるんだということがよーくわかったような気がします。ところでオルシン、ヨンサの話がありませんでしたが……」とヂョン教授。

「おお、そうじゃったのう。わしの身の上話に熱がはいって、肝心要のヨンサのことをすっかり忘れてしまったのう」

底のほうに残ったユヂャチャ（柚子茶）をぐいと飲み干すとオルシンは続けた。

「ヨンサのことは、ここ天安に来てはじめて知ったんじゃ。

今話したように、昔柔道をやってたんでな、マッサージや骨接ぎなど、見よう見まねで覚えたんじゃ。また平壌にはその当時、ハリの名人と言われるおじいさんがいてのう。そのおじいさんからハリの手ほどきをうけてな。

それ以来、鍼灸学や韓医学を細々とではあるがずっとやってきてるんじゃ。勿論、独学でな」

オルシンは、あぐらをかき直すとまた静かに語りだした。たばこは吸わない。四人とも皆たばこを吸うものはなかった。

「天安に来て、このプンセという所に居を構えると、稲作に果樹園に、そりゃもう毎日が猫の手も借りたいくらいの忙しさだ。

時々大雨で仕事ができなかったり収穫の終わった農閑期などに村人たちにちょこちょことハリを打ってやったり、韓方のクスリを処方してやってたんだが、ある日、そんなわしの噂を聞きつけて、わしと同じくらいの年輩（当時六十歳くらいだったかのう）の男がやってきて言うには、『崔さん、ヨンサってもの、知ってるかね』って聞いてきたんだなあ。

わしも韓方系の勉強は独学ではあるがやってきてたので、ヨンサという名前ぐらいは知っていた。名前だけは知ってるよ、と言ったら、彼（ソ・ハンスという）の言うには、そのヨンサをおれは作ってるんだと言うじゃないか。あんときはわしも腰が抜けるくらい驚いたのう」

オルシンの話にじっと聞き入っている間に、適当な大きさに切られた桃の大盛りが「差し入れ」されていた。オルシンは真っ白い桃の一切れにブスッとフォークを差し込むと二口でぺろりと食べてしまった。さあ食べてくれとわれわれにも促し、われわれもフォークで刺して口に運ぶ。取れたての桃は新鮮でおいしかった。オルシンの果樹園で取れた桃である。

オルシンは続けた。

「ヨンサは水銀から作るってことはわしも知っとった。水銀などという毒物をわれわれのような一般人がどこから入手できるのか、そんな方法があるのか。これが第一の疑問だった。第二は、当然のことながらその危険な毒物をいかに料理してヨンサを作り出すのか、その具体的な方法だな。この二点をダイレクトにくだんの男（ソ・ハンス）にぶつけてみると、なんなら作るところを見せてやってもいいという。

手持ちのヨンサがそろそろ底をつきかけているから、一か月後にこのプンセの山手のほうでヨンサ作りに取り掛かるということだった。願ってもないチャンスだ。この機会をつかまずに、いつまたこれほどのチャンスがやってこよう。一も二もなく見せてほしいと言ったさ」

オルシン、霊砂作りを学ぶ

計画通り一か月後、ソ・ハンスは崔オルシンをともなってプンセの山手のほうにある畑でヨンサ作りにとりかかった。十一月の中旬だった。原料の水銀と硫黄は、ソウルの鐘路（ヂョンノ）の韓薬剤の卸売り商店街に行けば売ってくれるということだった。

水銀六キロ、硫黄二キロ、炭俵一俵、大きい鉄のなべ一つ、小さいなべ四つ、かき回し棒、それに鉄板などを耕運機に連結されたトレーラーに積んでソ・ハンスと崔オルシンは畑に向かって出発した。オルシンはトレーラーのほうに乗りこみ、材料たちを手でしっかりと固定した。

畑の道はでこぼこもいいところ。トレーラーが反転しそうなくらい大きく揺れる。二十分ほどで目的地に着いた。着いてみると偶然にもオルシンの果樹園から百メートルと離れていない地点だった。

栗の木、なつめの木、桐の木などの木立ちがちょうど屏風のように並んで立っているため、下のほうから人が来てもこの場所は視界から遮られて見えなかった。当然人に見られるのは好ましくない。村に変な噂がたてばヨンサ作りはむずかしくなる。なにしろ水銀を使ってるわけだから。

もちろん水銀を環境に垂れ流し公害を引き起こすものではない。水銀は一滴たりとも環境には出てゆかない。ヨンサ作り自体は環境を汚染する作業ではない。しかし人の噂にはならないにこしたことはない。その観点からするとこの地点は百点満点だった。

大なべ、かき回し棒、鉄板など主だった道具類をトレーラーから取りだし、転がっている小石で小さなかまどを作ると、その上に大なべをおき、最後に主人公の水銀と硫黄を取り出して「これが水銀だよ」と言いながらソ・ハンスは崔オルシンの前においた。水銀の扱いには手馴れていることがその動作から感じ取れた。「ほほう、これがねえ」。容器を通して黒っぽい液体が見えた。

六キロの水銀、二キロの硫黄

ソ・ハンスは水銀を手に取ると手馴れた手つきで容器のふたを開け、おもむろになべの中に静かに六キロの水銀を流し込んだ。二キロの硫黄も入れられた。硫黄は黄色っぽい塊りである。かまどに火をつけると、勢いよく炎が上がった。水銀と硫黄の混合体を木の棒で静かにかき回す。五分もするころからガスが出始め、硫黄が急激に溶解するのが見てとれた。「崔さん、ちょっと離れていてくれ」。叫ぶや、ソ・ハンスは分厚い手袋をはめた手で大なべの取っ手をつかみ、一挙にかまどから持ち上げるとそばに準備されている鉄板のうえにガバと煮えたぎる水銀のアマルガムを流し散らした。

水銀のアマルガム（水銀デブリ）は、大部分は鉄板の上におさまっているが、一部があちこちに飛び散り、ソ・ハンスのズボンの右ひざのあたりと分厚い長靴の前部のあたりをかすめていった。その部分が黒く焼けただれている。

自分たちは、ガスをどのくらい吸い込んでいるだろうか。全然吸い込んでないとしてもなべを持ち上げて鉄板の上に水銀を流しだす作業があまりにも危険な感じがした。「ハンスさん、大丈夫かい？」崔オルシンが声をかけると「何度もやってるからな。大丈夫だよ。しかし何度やっても全神経を集中させないと危ないことは危ないね」と余裕の微笑をたたえながらソ・ハンスは答えるのだった。

鉄板の上のデブリは、たちどころに黒い金属の塊りになった。大きい塊りもあるし、小さい塊りもある。つぶや粉のようになっているのもある。大きいものはハンマーでたたいて適度の大きさにして、すでに用意してもってきてある径二十センチくらいの底厚の鉄のなべ四つに分配する。このなべにはぴったりと合う厚さ三ミリくらいの頑丈なフタがついていて、内容物が入れられるとフタがはめられた。


三日三晩、ヨンサ精製は続く……


崔オルシンはここまで一気に話すと、ふうとため息をもらし、「どうかね、おもしろいかね?」と無言で語り、われわれ三人を見やった。

「手に汗にぎるとはこういうことでしょうね。その四つの底厚のナベはどうなったんですか?」

一番熱心に聴いていたヂョン教授が言った。

「水銀デブリを鉄板に散らす作業をした場所から十メートルほどのところに四つのナベのためのかまどが四つ、すでに準備されておってな。そこに用意して持ってきた良質の炭を丁寧に積み重ねてその上にナベを一つずつおいた。

ここらあたりからわしもちょっとずつ手伝ってな。積み重ねられた炭は、高さが二十センチほどだったかな。粘土の土でその炭を外側からきれいに固め、小さな炉のようなものにした。炉の下のほうの穴から火をつけてナベを加熱するわけだが、この作業が三日三晩続いたんじゃ。わしは三日三晩寝ずの番をするくらいの覚悟はあったのだが、それには及ばないという。夜の八時から朝の八時まで、あるおばあさんをアルバイトで雇ってあるというんだな。

その日の昼はサンドイッチで済ませ、夕方五時ごろ炉(かまど)の炭火の確認をしたあと、二人で下におりて近くの食堂で軽く腹ごしらえすると、すぐまた炉にもどってきた。ソ・ハンスさんは開城(ケソン)の人でな。わしは平壌だから二人とも北からの人間。しかも年も同じときているから、あれやこれや次から次と話のネタがつきなくてな。あっという間に夜の八時になってしまった。

懐中電灯の光が近づいてきたなと思ったら、おばあさんが一人、にゅっと現われた。もう何度もやっていて勝手がわかってるんだろう。ソ・ハンスさんと軽く挨拶すると何も言われていないのに炭火の確認にはいった。

かまど四つのうち端の方から一つ一つ丁寧に見入っていたな。『あとは頼みましたよ』とハンスさんが言うと、『あいよ』とおばあさんは答える。二人の信頼のほどがそれだけでもわかるんだ。おばあさんも北の人らしい。さすがに夜、こんなところで一人、寒くはないのか、怖くはないのかと気にはなった。おばあさんとはいえ、女は女だ。しかしおばあさんの表情にそういう影は一点もないんだな。こりゃすごいばあさんだなと心中思ったもんじゃ。こうして三日三晩、ヨンサ精製が続いたんじゃ。」

オルシンは一息いれた。

「ぼくの母親もおばあさんだけど、そんな作業は死んでもできないな。アパートで暮らしていながら、夜一人になると怖いっていうくらいだもの」

とヂョン教授が言うと、

「女でなくても、おれだってできないな。プンセのあんな山の中に夜一人でヨンサを見張るなんてさ」

ユンさんが呼応した。

「三日三晩終わった後で、その四つのナベの中にヨンサができているんですか？」

わたしが聞いた。

「そうじゃ。これが面白いんじゃ。あの黒かった水銀のかたまりがいつの間にか真っ赤というか赤黒いというか、赤色に変化してるんじゃ」

「へえ、色が変わっちゃうんですか。不思議ですね」わたしが言った。

「だからほら、このヨンサ、赤いじゃないか。三日三晩煮詰め続けると水銀がこうやって赤に変わるんじゃ。実に不思議じゃのう。三日三晩煮詰める過程で水銀の毒と硫黄の毒が相殺して純粋なクスリになるんだと、ハンスさんは言ってたな」

ヨンサのケースを手に取り、手のひらで転がしながらオルシンは言った。

人から人へ伝えられる隠れた伝統

「ソ・ハンスさんって言う人は、どうやってヨンサ精製の方法を知ったんでしょうか。自分一人で習得したんでしょうか？」

ヂョン教授が聞いた。

「なんでもユギオのとき釜山に避難していたときに、やはり北の定洲(ヂョンヂュ)の人から教えてもらったと言ってたな。許浚(ホ・ヂュン)先生（一五三九〜一六一五）のときから延々と人から人に伝えられてきているんだろう。表には決して出ることのない隠れた韓国の伝統といえるんじゃないかのう」

「ちょっと感動的ですね。人から人へ伝えられる隠れた伝統ですか。日本にもそういうもの、あるかもしれないけど、たぶんこちら韓国のほうがそういう伝統というか文化というか、そうしたものは多いような気がします。ところで、その後オルシンは、そのソ・ハンスさんといっしょにヨンサ作りをされてきてるんですか」

わたしが聞いた。

「いや、それが、ハンスさんは、あのあとすぐ釜山のほうへ行ってしもうてな。長兄夫婦が呼んでるようなことじゃった。ヨンサ製法の教えに対して何のお礼をする間もなく行ってしもうてな。以来、連絡はない。元気にやってることじゃろう。なにせ、ヨンサという強力な味方があるわけだからね」

「それにしてもソ・ハンスさん、ありがたい方ですね。元気でやっててほしいものですね。

じゃ、オルシンはそれ以来、お一人でやって来られたんですか」

ユンさんが言った。

「そうなんじゃ。もう十年以上になるのう。ハンスさんの作業現場から百メートルと離れていなかったんじゃ、わしの畑がな。栗の木立ちに隠れた非常にいいポイントを確保できてのう。桃畑の中にあってしかも栗の木やなつめの木や桑の木などの木立ちの裏手になっているから、人の目につく可能性はゼロだよ。

作業自体は安心そのものじゃよ。アルバイトのおばあさんも同じ人を捜し当てることができてのう。キョンノダン（敬老堂、お年寄りが集まれる公民館みたいな建物）でちょっと聞いたらすぐわかったんじゃ。あれは誰でもやれるもんじゃないし、ぺちゃくちゃと口数の多い人もだめじゃろ」

言うと、オルシンはあの「あっはっはっは」というあっぱれな笑いで、場全体をもう一度生き返らせるのだった。

ひとりで挑戦！——最高品質への大改良

ヨンサ作りは大きく分けて二つの作業からなる。第一は、水銀と硫黄を大なべにいれて加熱しながら混ぜ合わせ、頃合いを見て鉄板の上に流し散らす作業。そして第二は、流し散らした水銀デブリを適度に砕いて小さななべに分配し、その小なべを数日間徹夜で煮込む作業である。

第一の作業が最も危険だ。かなりのガスが発生し、加熱する時間が短いと水銀と硫黄がうまく融合しないし、長く加熱しすぎると大なべの水銀デブリが沸騰して一挙に外に飛び散る可能性もある。

ソ・ハンスさんが釜山のほうへ去っていったあと、オルシンがはじめて一人でやったとき、加熱しすぎのミスを犯してデブリが一挙に周辺に飛び散ったことがあったという。たまたまオルシンの立っていた方角じゃなく、反対側の栗の木のほうに飛び散ったためオルシンは最大の危険（死）を免れた。栗の木は焼けただれ、結局は枯れてしまった。作業の危険性をつくづく思い知る結果となったわけだ。

しかしこれしきのことで恐れをなして投げ出してしまうオルシンではなかった。何度かやっているうち、沸騰する直前にマッコルリをいれてやると飛び散るエナジーを大きく抑制できることがわかった。以来マッコルリは必須のものとなった。

また、第二の作業の小なべにいれて三日三晩煮込む作業も、九日九晩まで延長することにし、九転（クチョン）ヨンサと名づけた。こうすることによってヨンサの純度を最大限に上げ、水銀の毒をゼロにできることがわかった。小なべ自体も改良し、鉄工所の友人にたのんで厚みを全体が一センチほどで容量が二リットル、フタも厚み七ミリでぴたっと密閉できるよう特注で製作した。小なべ（ドガニという）は五つ作ることにした。

九日九晩、炭の炉で煮込むとき、ドガニとフタの隙間からヨンサの成分がガスになって出て行かないように特殊なニスも自分で考え出し、煮込んでいる間は三十分間隔ぐらいでニス塗りをしてゆく。だからおばあさんの夜のバイトがちょっときつくなったわけだ。前は炭の追加ぐらいが仕事だったが、それにプラスしてニス塗りという作業が加わったから。五つのドガニに対しニス塗りをするわけなので、これは相当の負担だ。そばで寝るわけにもいかなくなった。バイト料もそれなりにアップしてあげ、できるヨンサもワンケース譲ってやることにした。おばあさんは喜んでやってくれているという。

ソ・ハンスさんから教わったヨンサ作りは、多くの失敗と試行錯誤を経て大きくアップグレードしていた。この世の中にヨンサが作れる人が何人いるかわからない（たぶんゼロだろう）が、崔オルシンのヨンサが、その純度や質において最高であろうことは疑いの余地がなかった。

6．サークル仲間と霊砂つくり

日本好きなオルシン

ヨンサに関する他の二、三の話と、無農薬玄米作りなどに関する話などを伺ってオルシンのお宅を辞した。オルシンの都合のつくとき、わわわれのハリ同好会（インドンチョ）に来ていただいて、一度ヨンサに関する講義をしていただく約束を取り付けることも忘れなかった。

結局オルシンは三回ほどわれわれのサークル・インドンチョに来て講義してくれた。崔オルシン本人は、送り迎えなど必要ないと言ったが、そこは礼儀ということもあるし、やはり八十歳のご老人の夜の運転は危険だ。われわれの強い勧めに屈する形で送り迎えはわれわれがやることになったのだった。

オルシンは、初等教育、中等教育ともに、多くの日本人の先生から受けており、ほとんどの先生方が尊敬するに値する立派な方々だったようで、日本人に対してはほとんど絶対的といえるほどの信頼を寄せていた。韓国という国を奪ったのも日本人のシワザには違いないのだが、そういう大きい次元ではなく日々の生活といった具体的な次元にあっては、韓国民に嫌われ憎まれ疎まれる日本人よりも、好まれ尊敬され信頼される日本人がはるかに多かったのである。

日帝時代を体験したこちらのおじいさん・おばあさん方（八十代、九十代以上）は、総論では「日本嫌い」だが、個人的な付き合いになると「日本好き」なのである。崔オルシンもその例にもれず、はじめて伺ったあの日からわたしのことを気に入ってくれて、「キグチさん、キグチさん」と親しげにことばをかけてくれるのだった。

秋も過ぎ初冬の風が吹き始めたころ、三回目の講義のため、わたしがオルシン宅まで車で送り迎えすることになった。夕方六時ごろオルシン宅に到着したが、もう真っ暗だった。オルシンは庭に出て待っていてくれた。

「お迎えに参りました。どうぞ」

「おお、すまんな。乗らせてもらうよ」

オルシンは実に謙虚である。もともと謙虚なのだが、日本語モードになるとその謙虚さにさらに拍車がかかるという感じだった。ギョン教授、ユンさん、わたしが三人いっしょのときはもちろん韓国語で会話をするが、わたし一人のときはオルシンはほとんど日本語モードだった。日本語を使うのがうれしいのである。幼き日々の追憶にひたるような心情もあろう。どれだけ話せるか試してみたい、つまりまだまだぼけていないことを証明したいといった気持ちもあろう。おれは今もこんなにできるんだぞと日本人（わたし）に見せたい気持ちもあるんだろう。植民地支配国の言語は使いたくないという気持ちも心の片隅にはきっとあるのだろうが、それを打ち消して余りある諸々の要素がはるかに多いのである。

「日本人の君が、この韓国の地で韓国人のわしを車に乗せて案内してくれているとはのう。驚きでもあり感謝でもあり感動でもあるが、なんとなく情けないようなふがいないような気もするなあ。この暗い中、車も多いし乱暴な運転も多いと思うんじゃが、キグチさんは上手に運転するんだのう。わしも運転はするが、夜はだめじゃ。周りがよく見えないし車のあのヘッドライトが眩しくてな」

「最近の車はＬＥＤ（エルイーディ）っていうんですかね、ものすごい強い光を出すライトをつけてますからね。しかもやや上向きときている。確かに眩しいですよね。だからわたし、わざと見ないようにしてます。あのライトにチカッと直でやられたら、しばらく何にも見えなくなりますもん」

わたしの運転は自分で言うのもなんだが、非常に「こなれた」運転といえるかもしれない。

急にスピードを出して無理な追越をするなどということはまったくありえない。見晴らしのよいところならある程度スピードも出すが、大体は法定速度六十キロ以下だ。これはわたし一人で運転するときもそう。時々信号が赤に変わる瞬間ヒエーッと黄色い声を張り上げながら交差点をつっきることもあるが、そんなことは三年に一度。停止状態から動き出すときもいつ動き出したのかわからないくらいスムーズだ。オルシンが運転うまいねというのも、それほどのおせじではない（はずだ）。

「かっこいいって、どういう意味じゃね？」

夜の道路は昼間とはうってかわって、なんでもないような交差点でもやけに複雑に感じられるものだ。鳥瞰的な視野が得られなくなり、目の前だけの視野で判断しハンドル操作するということが大きいのであろう。対向車のライトの洗礼を浴び、割り込みの車に急に割り込まれ、前の車に急停車され、右折し左折し、大きくカーブしている道路を六十キロで走る。運転はこなれているが、取り巻く状況が安堵感を許さない。

快適に六十キロで走ってはいるが、いつ割り込まれるかわからないから、常に緊張の糸を緩めてはならない。あと七分も走れば集まりの場所につくというあたりで信号にひっかかった。左前方にランボルギーニのようなスポーツカーが見えた。わたしは指差しながら、

「かっこいいですね、あのクルマ」

と言った。オルシンにもそのクルマははっきりと見えている。ところがオルシンの反応がない。目を開けあのキラキラ輝く目で前方を見てはいるが、反応がない。わたしはもう一度水を向けるように

「オルシン、あの黄色いクルマ、どうです。かっこいいと思いませんか」

と言うや

「その、なんだい、か、か、かっ……」

「かっこいい」

「そう、そのかっこいいって、どういう意味じゃね？」

オルシンは意外な質問をするのだった。日本語ぺらぺらのオルシンがなんてことを聞くのか。瞬間わたしは事情が飲み込めずにぽかんとしていた。

「かっこいいって、かっこいいっていう意味ですけど、そのう、素敵だとか素晴らしいとか、そういう意味ですけど。ええ？　オルシン、その意味、本当に知らないんですか？」

「ほう、そんな意味なのか、はじめて聞く日本語じゃな！」

言うと、感慨深げに二、三度つぶやくのだった。

「かっこいい、かっこいい、か」

わたしは運転しながら次第に事情が飲み込めてきた。オルシンが子供のころ学校では百パーセント日本語での教育だったため、日本語はほぼネイティブレベルに達していた。韓国語と日

本語のバイリンガルである。ところが一九四五年八月十五日、日本の無条件降伏によって韓国は植民地支配から解放された。以来日本語を使う機会はなく、インターネットがあるわけでもない。

つまりオルシンの日本語のレベル、とくに語彙のレベルは一九四五年八月十五日までのレベルということになる。格好（かっこう）という語は勿論知っているが、それが「かっこいい」となる使い方というのは、おそらく一九四五年以前にはなかったのであろう。このときさらに他の表現なども含めた「言語学的な実験」をしたわけではないので、確実なところはわからないものの、わたしのこの推理は間違っていないと確信する。

たとえば「いかす」とか「いけてる」とか「まじ」とか「やばい」といったことばは、オルシンのレキシコン（語彙）にはないはずである。そのときは日本語ぺらぺらのオルシンが、日本人なら誰でも知っている言い回しを知らなかったことに驚き、言語というものの生成・消滅、つまり言語変化というものとあまりにもナマで接することになり、そんな他のことばで実験してみるなどといった余裕はこれっぽっちもなかったのである。

あのときの感覚は、言ってみれば異性の生の肌にはじめて直接触れるような、非常に艶かしいイメージとしてわたしのメモリーにしっかりと記憶されることになった。

「皆さんといっしょにヨンサ作りをやってみようかのう」

七時少し前にサークル・インドンチョの建物に着いた。インドンチョのメンバーは、われわれ三人のほかに十二名ほどいてトータル十五名の集まりだ。ハリの勉強が中心であるが、陰陽五行説という東洋思想のバックボーンをはじめ、経絡、つぼ、薬草の基礎など、東洋医学に関連したことはなんでも学ぼうという集まりである。サラリーマン、公務員、教師、主婦、定年退職者などから構成され平均年齢は六十歳くらい。韓国も高齢化が進み、六十といっても皆青年のように若い。

「オルシン、オソオセヨ。お疲れ様です」

サークル会長のシンさんが声をかける。

「いやあ、キグチさんの運転が上手でな。日本語でのおしゃべりも楽しくてあっという間に着いてしまったのう」

オルシンは疲れた様子もなく、言いながら靴を脱いで部屋の中に入っていった。この日はもう三回目とあって、オルシンも皆になじみ、メンバーたちもオルシンの語りに全的信頼をよせて聞き入っている。表情一つ一つに信頼が見て取れた。

語りはヨンサのことが中心であったが、そこは大人、先達、長老といった意味をもっているオルシン。人生の話もたくさん出てくるのだった。北朝鮮で生まれ、そこで日帝時代を経験し、一九四五年八月十五日の光復節（グァンボクチョル）をじかに見、南のほうの兵士として朝鮮戦争に出征し、鉄砲玉の下をくぐりながらも死なず生き延び、韓国の地に家庭を作って生きてきたオルシン。人生の先達としての生の体験談を聞くだけでも途方もなく価値があった。

ヨンサ作りをソ・ハンスさんから教わったこと、ミスして水銀デブリの飛び散る方角がちょっとでもちがっていたら死んでいたかもしれないこと、改良を重ねて今は非常に良質のヨンサが得られるようになったこと、おばあさんバイトもだいぶ高齢になった（八十五歳くらい）が、まだ元気にやってくれていることなどを話すと、オルシンの語りは終わった。万雷の拍手。

女性は気が利くものだ。講義が終わるとすぐお茶が出され、もちや果物が次々と出てきた。オルシンを囲んでのティータイムは非常にザックバランなひとときだった。キムイルソン大学での授業についての質問が出たり、ユギオのときの出征地について聞くもの、平壌の街並みや平壌での生活について聞くものもあった。ヨンサの質問も出る。お茶タイムが終わるころ突然オルシンが言った。

「皆さんといっしょにヨンサ作りをやってみようかのう」

ヨンサ作り準備

オルシンは前々から考えていたことのようだった。歳も歳だし、誰かに伝授せねばならぬが息子たちはまったく関心がない。こうしたことに情熱のある人間がいれば、と思っていたところに出くわしたのがわれわれだったようだ。お互い、運がいいのか悪いのかわからないが、運命的出会いをしたことだけは確かなようだ。

ヨンサ作りは十一月と三月がいちばんいい季節だという。十一月は過ぎた。次は来年の三月だ。丸二か月以上の余裕がある。準備するのに充分な時間がある。三月の中旬と決まった。

必要な道具は全てオルシンの家にそろっている。水銀と硫黄と炭俵を購入せねばならぬが、これもやりつけているオルシンがすべての手配をしてくれることになった。費用はインドンチョで持ち、できあがったヨンサは、オルシンとインドンチョのメンバーで等分にすることにした。バイトのおばあさんにもいつものようにケース一個あげることも忘れなかった。

三月七日ごろ、水銀と硫黄と炭俵が家に届いたよと、オルシンからギョン教授のほうに連絡が入った。ギョン教授がヨンサ精製の隊長だ。翌三月八日土曜日は陰暦の二月一日にあたっている。オルシンの勧めで陰暦の一日に作業に取り掛かることになっていた。なにか新しいことをはじめるには、陰暦の一日がいいんだよと教えてくれた。迷信や占いなどにがんじがらめにされている人はこのメンバーの中にはいなかったが、陰暦の一日が何かを始めるのにはいい日だよと言われたら、しかもわれらがオルシンが言うことに否定したり「ええ?」などという者は当然のことだが、一人もいなかった。

危険な第一工程——シンさんのしりもち

土曜日の午前八時に全員オルシン宅に集まり、トレーラーに道具類および材料など必要物資を積み込み、あいているスペースに女性たちが乗り込んだ。男たちは歩きだ。トレーラーを引っ張るのは耕運機。運転はオルシン。でこぼこの激しい地点では、水銀を男二人が別に持ち歩くことにした。二十分ほどで「現場」に着いた。男たちがてきぱきと動く。

材料類を全てトレーラーからおろすと、オルシンを中心に車座になって一服つけた。空はあくまでも晴れわたり、初春の太陽が容赦なく照りつける。だいぶ日に焼けそうだが、大気の温度が五度くらいしかないため、太陽光線はうれしいものだった。女性たちが準備してきたコーヒーが全員に配られた。オルシンが言う。

「一人の欠員もなく十五名全員がそろってとてもうれしく思うのう。天気もよくてきょうはまさにヨンサ日和じゃ。ただ、サークルの講義でも話したが、作業自体はどれもみな危険じゃ。大なべで煮て流し散らす第一の作業はわしが責任をもってやるから、ようく見ておいてほしい。この作業さえクリアできればあとは致命的に危険な作業はない。

九日九晩、心の集中を切らしてはならんが、落ち着いて心をこめてやれば良質のヨンサが得られるじゃろう。書物の中だけのまぼろしのクスリと思っていたものが、幻想ではなく現実に君たちの手の中に収められるじゃろう。その感動もしっかりと味わってもらえれば、わしとしてもそれ以上の喜びはない。それじゃ、ぼちぼちとりかかるとするかのう」

「よろしくお願いします」

全員の声がひんやりとした大気の中に吸い込まれていった。

第二の作業に使うかまどは、すでにオルシンによって準備されており、くべるための雑木の端くれや冬枯れした雑草をかき集めると簡単にスタンバイとなった。大なべに水銀を注ぎ、三分の一の分量の硫黄がすぐに入れられた。水銀が銀色の鈍い光を放っている。大なべがかまどにおかれる。三分もしないうちに湯気があがる。

「湯気を吸っちゃいかんぞ。水銀のガスだ。風向きを見て湯気がこない方角に陣取るんじゃ」

皆一斉に湯気のこない方角つまり風上のほうへと移動した。オルシンも体の位置を変えながら木の棒でゆっくりと大なべをかき回している。五分もしないうちなべの中は沸騰しそうな様相を呈してきた。

大なべをかき混ぜるオルシン

「さあ、今だ。マッコルリをいれるんじゃ」

オルシンが言うと、ヂョン教授が「はい」と言ってマッコルリを大なべに注ぐ。ジュッと音がしてアマルガム（水銀デブリ）の一部が数滴飛び散り、会長シンさんの太ももと腰のあたりをかすめた。

シンさんは「おおっ！」と悲鳴をあげながら大きく後ろにのけぞり、しりもちをついてしまった。皆は笑いを押し殺しながら「大丈夫かい？」と声をかける。シンさんは瞬間蒼白になったが、すぐ気を取り直し「おお、ケンチャナヨ（大丈夫）」と答えた。
　そんなシンさんを横目でちらりと見るなり、オルシンは大なべの取っ手をつかみ、一瞬にして鉄板の上に水銀デブリを流し散らすことに成功した。ガスが瞬間パッとあがりすぐ消失した。大きな事故もミスもなく最も危険な第一の作業が終わり、オルシンの顔に安堵の色が浮かんだ。

第二工程――長いようで短く、短いようで長い九日九晩

　鉄板の上のデブリは、みるみる固まり、数分もしないうちにかちんかちんになった。黒っぽい塊りは、大、小さまざまだった。男たちがハンマーでたたいて小さな塊りにし、それを五つのドガニに等分に分け入れる。ドガニは、厚さが一センチもあるためそれぞれ一つの重さが三十キロを越える。その中にデブリを砕いたものを八分目ほど入れるから三十五キロちかくにはなる。全ては男たちの仕事となった。

ドガニで九日九晩精製する

　ドガニのための炉は、オルシンの説明を聞きながら主に女性たちが炭を積み上げ、粘土質の土で外固めして約一時間後にドガニをその上に載せることになった。炭の炉の上に直接ドガニを載せるのではなく、鋼鉄製のやぐら（枠組み）を設置し、その上に載せるのである。炭が燃えてもドガニが転がり落ちてしまわないようにしているわけだ。

ドガニに七ミリの鋼鉄のフタをはめ、その隙間にオルシンの作ったニスを塗り込める。五つのドガニがすべての準備をおわり、炉の上（鉄枠の上）に載せられた。オルシンが一号炉から順に炭に火をいれていく。いよいよ第二の作業に突入したのである。

第一日目は、全員がそのまま夕方の八時までいることになった。炭を追加したりフタにニスを塗ったりしながら、あとは食ったりしゃべったりしながら。夕方八時に懐中電灯のおばあさんがやってきた。オルシンと軽く挨拶すると、われわれには目もくれずすぐ炉の炭火の具合いの確認にはいる。仕事熱心なおばあさんである。

次の日からは、日中は時間のあるものが二、三人ずつ番をすることになった。オルシンも毎日一回はやってきて、ニスの塗り方や炭の追加の要領などを教えてくれた。

こうして九日九晩が経った。十日目の朝七時半にヂョン教授とわたしの二人がきて、おばあさんと交替するとみんなが来るまで待っていた。八時ごろオルシンの運転する耕運機の後ろに女性たちが乗り、男たちはそばをエスコートするように徒歩でやってきた。一人、二人仕事で来れないものもあったが、十三名ほどが集まれた。長いようで短く、短いようで長い九日九晩であった。

乳鉢できめ細かになったヨンサ

受けつがれた製法

「オルシン、ほんとうにありがとうございました。そしてお疲れ様でした」

会長のシンさんがオルシンをねぎらう。

「君たちの熱意にはすっかりお手上げじゃよ。いい弟子にめぐり合えて、わしも教え甲斐があるというもんじゃ。どれ、どれ、いよいよフタを開けてみることにしようかのう」

皆の顔を見回しながらオルシンが言った。一号炉のドガニのフタが開けられた。フタにびっしりとヨンサがついていた。底のほうには黒い滓のようなものが見られた。ヨンサ本体はなんとフタの裏にびっしりとついてくるものらしい。真っ赤というか朱色に近いヨンサができていた。われわれ三人組（ヂョン教授、ユンさん、わたし）は、前にオルシンのお宅でヨンサをじかに見ていたが、他のメンバーは初めて見るのである。

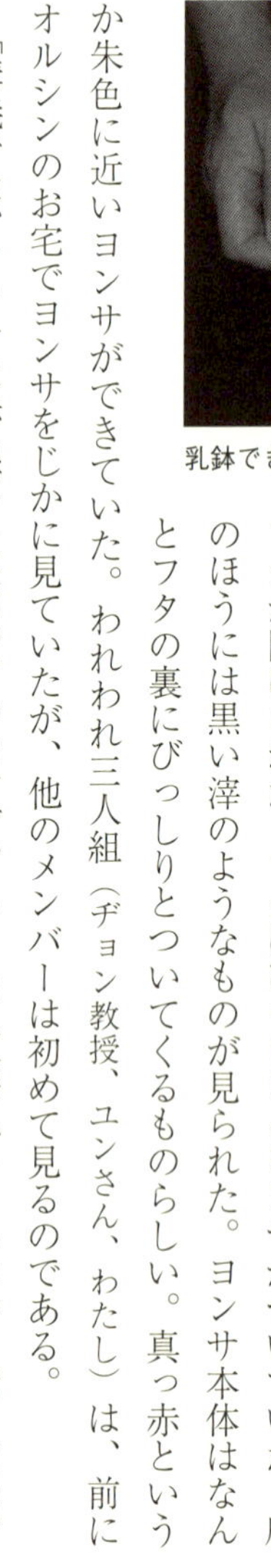

「講義では、ヨンサは赤色だとは聞いていたけど、こうして直接見るとちょっと驚きだね。あのどす黒い水銀デブリがこんなきれいな朱色にかわってしまうんだもんな」

メンバーの中でいちばん東医宝鑑に詳しいヤンさんが言った。五つのドガニのヨンサをきれいに収集し袋に入れて会長のシンさんのクルマに積んだ。シンさん、ヤンさん、バクさんの車にそれぞれ分乗してインドンチョへ。ヂョン教授とユンさんとわたしは、オルシンのトレーラーに乗ってオルシン宅へ。そこでヨンサを細かい粒子にするための乳鉢をお借りし、座敷には上がらずヂョン教授の車ですぐにインドンチョへ向かった。

収集されたヨンサは、最後に乳鉢で細かく挽く作業が残っているのだった。乳鉢は一つしかないから、ゆっくり日数をかけてやってゆくしかない。とりあえずヨンサを入れて挽いてみる。さらさらの朱色の粉になるまで三十分から一時間くらいかかるようだ。時間のあるものがここに来てすこしずつ挽いていくことになる。

五日後、収集されたヨンサがすべてきれいな粉末の状態になった。ケース（径四センチ、高さ八センチくらいのフィルムケース状の容器）に入れると三十五個くらいになった。ちょうど一人頭二個の配給となる。オルシンにも二個さしあげ、おばあさんには一個あげると二個あまる。それはサークル全体の備品ということになった。

こうしてまぼろしの霊薬・ヨンサ作りは半年にわたる紆余曲折のすえ、大団円を迎えることになった。その後も崔オルシンのところへ桃を買いにいったり、玄米を買いにいったりするメンバーもいて、オルシンとの関係はそのまま続いていた。

さよなら、オルシン！

オルシンと出会ってちょうど丸一年ほど経ったときだった。秋風が吹き始めたころ、会の誰かがオルシンが交通事故に遭ったらしいという情報を聞きつけてきた。ヂョン教授とわたしはすぐオルシン宅に行ってみた。中国から来た奥さんの姿はなかった。

近くに住んでいる人に聞いてみたが、だれも詳しいことを知っている人はなかった。行きつけのスーパーに入り、おかみさんに聞くと、「家族が来てソウルの病院に連れて行った」ということだった。どれほどの怪我なのか。致命傷を負ったのか。意識はあるのか。次々と質問をぶつけるが、おかみさんの知っていることは、ソウルのほうの病院に家族が入院させたということだけだった。オルシンのケータイには何十回かけてもつながらなかった。

一か月ほどしてオルシンが天に召されたことを風のたよりに知った。行ってやることのできなかった虚しさで会のメンバーは悲しみにしずんだ。ヂョン教授とユンさんとわたしの三人トリオが、マッコルリとボ（魚の干物）を買ってヨンサ作りの現場に行き、韓国式でそれらを供え、在りし日のオルシンを偲んだ。

オルシンの青竹を割ったような大きな笑い声が、天から聞こえてきたようだった。三人が同時に天を仰ぎ見たが、そこには大きな真っ白い雲がぽっかりと浮かんでいるだけだった。統一ができたらすぐにも、生まれ故郷の平壌の路地を歩いてみたいと言っていたオルシン。安らかにお休みください。

四　自然と地理

자연과 지리

山といえば、韓国なら雪岳山（ソラクサン）。北朝鮮なら白頭山（ペクトゥサン）。

でもここでは、わたしのそばにいつも悠然と構え、物言わぬ存在ながら多くを教えてくれる、愛する「太祖山」から書くことにする。なんの変哲もない山だけれど、筆者にとってはかけがえのない山である。ソウルにいる人に「太祖山」について聞いても知っている人はゼロだろうと思う。まったく無名の山であるが、その無名さもわたしにはうれしい。

山のお話からはじまる本稿は、黄砂や朝鮮半島の四季の描写へとつづき、半島の地理的なお話へと展開する。北朝鮮の地理にもおつきあい願いたい。日本の場合は都道府県という言い回しがある。一都一道二府四十三県ともいう。韓国はどのような行政区画になっているのだろうか。さらに韓国には道人が多いということも覚えていただければ、この章は大成功である。

1．太祖山

太祖山と書いて「テヂョサン」と発音する。四五〇メートルほどの山だ。太祖と書けば日本語としては「たいそ」となり、王朝の始祖を表わすことばである。

日本は島国で、国というものが昔からずっと今のままだから、国の名前が変わるということはなかった。しかし中国や韓国は、征服したりされたり、新興の国ができたり滅亡したりとめまぐるしく変化してきているため、その国の第一代の王を意味する太祖という語はあちこちによく出てくる。たとえば新羅の太祖はバク・ヒョッコセ（朴赫居世）であり、朝鮮の太祖はイ・ソンゲ（李成桂）である。たくさんの太祖が存在するけど、その中で太祖としていちばん有名なのは高麗（コーリョ）を建国し第一代の王となった王建（ワンゴン）であろう。普通に太祖といえば、この高麗の王建（ワンゴン）を意味する。日本で太閤といえば秀吉を意味するけれど、あれとだいたい似たようなものであろうか。で、わたしの住まいから十五分のこの山・太祖山は、高麗の王建（ワンゴン）にゆかりがあって、太祖山と名づけられている。

山の登り口にさしかかる手前三〇〇メートルくらいは、舗装されていない砂利道で、フットサル場あり畑ありトンネルありののどかな田舎道だ。道にそって植えられているトウモロコシのひげをさわりながら、ちょっと大きくなってきたね、などとひとりごちたりする。もちろん誰も聞いているものはない。月見草の黄色がうっすらと道を照らしてくれる。

山の霊気

雨降りの翌日が山行（サンヘン）日和だ。山行（サンヘン）というのは、読んで字のごとく山へ行くことである。日本語ではあまりこんな言い方はしないけれど、韓国語では一般的なことばだ。山歩きあるいは軽い登山ということであろう。雨降りの翌日、道はしっとりとしめっていて土ぼこりも飛ばず地面を踏む足当たりも柔らかい。登り斜面にさしかかると、前日の雨水が集まってちょろちょろと小さな水のすじとなって静かに流れおちている光景にでくわすことがある。その音は、ちょろちょろだったり、じょろじょろだったり、さあーさあーだったりする。夏の早朝のこの音は、どんな清涼飲料水よりも心を涼にしてくれる。

山の霊気（冷気）が心地よい。山でだけ、しかも朝まだきのこの早い時間にのみ感じられる霊気というのがあるのだと思う。同じ太祖山でも、午後の昼下がりや夕方おそく来ても、この朝の霊気を感じることはできない。

外灯が消えるころになると、だんだん人の顔がぼんやりと見えるようになる。大きな声で歌をうたいながらおりてくるおじさんがある。おじさん若かりし頃の歌なのだろう。わたしの知っている歌もあれば知らない歌もある。たいていは知らない歌だ。腹の底から声を出し、いかにも気持ちよさそうだ。すれちがう人がいるいないは関係ない。気をつかったり声のトーンを下げたりする気配もない。堂々たるものである。あっぱれとさえ言えよう。日本でだったら、まず考えられない光景だと思う。たぶん韓国でも、他の地域では見られない光景かもしれない。

ソウルからここ天安に引っ越してきたその年の春の終わりごろからわたしの山行ははじまった。同僚教授から太祖山に登る入り口の位置を聞くと、次の日にはさっそく山に登ってみた。はじめのころは、日曜日の十時ごろに登っていたのだがだんだん慣れてきて、その年の夏休みのころからは早朝山行をやっていたようだ。

山行の醍醐味

わたしが山行をはじめたころ、山行する人はいくら韓国でも今のように多くはなかった。アンニョンのおじさんも、このころに会った人だ。わたしの見るところ、十三年前からずっと山行をやっているのは、このアンニョンのおじさんとその他わずかの人である。アンニョンのおじさん（実際にはおじいさん）は、向こうから声をかけてきたものだ。何度かすれちがって顔を覚えるようになったころ向こうから「アンニョンハセヨ」と声をかけてきたのである。いつも短パンで冬でもランニングを着て、走って登り走っておりてくる。元気なおじいさんもいるものだなと感心した顔でながめていたら、すれちがいざま「アンニョンハセヨ」と声をかけてきたのである。わたしも思わず「あ、アンニョンハセヨー」と返してからは、会えばいつも声を掛け合うようになった。今もそうである。

山行の醍醐味の一つは、山の清らかな霊気を体いっぱい浴びることと先に書いた。ことばでは表わしがたい山の力、エナジーを身体の中に取り込める喜びは格別のものがある。以前は名前などなかったが、数年前にこの山の幹線の道に「ソルパラムギル」という名前がついた。「松風の道」という意味である。この松風の道は、幅がだいたい三メートルくらいある。ちょっと狭くなるところもあるしちょっと広めになるところもあるけれど、平均して三メートルくらい。だからけっこう広い。人とすれちがうのに何の問題もない。ときおり五、六人の団体連れのおばちゃんたちが道をふさぐことがあるものの、「シルレハムニダ（失礼します）」と声をかければパッとよけてくれる。名前もしゃれてるじゃないか、松風の道とは。

この松風の道は、太祖山の三角点のある頂上までつづいている。わたしは恥ずかしながら頂上までいったことがない。歩いて三時間ほどらしいが、そこまで行ったことはない。いつも行くのは、家から四十五分くらい、松風の道にはいってからは三十分ほどで到着するある種の見晴し台みたいな地点。直径七メートルほどの平たい台地で人工的に地ならしされて作られたもののようだ。周りを取り囲むように松の木が植えられている。韓国には杉の木がもともとないため、針葉樹はほとんど松の木か五葉松である。この台地に、わたしは勝手にサンライズ台地と名前をつけている。

登山靴をはき、七分丈のロッククライミング用のズボン、スポーツTシャツ、それにリュックサック。これがわたしの出で立ちだ。この出で立ちでゆっくりと松風の道を登ってサンライズ台地につくころになると、あたりはほの明るくなってくる。台地に立って手を合わせ、東の方角に向かって黙祷をする。あの山の先、さらに海の先にわが日の出る国、瑞穂の国がある。母の住むふるさとの方角だ。ちょうどその方角の山の中腹に、大仏様の銅像が見える。日の出る方角ということもあるが、この大仏様のいらっしゃる方向ということで、サンライズ台地で東を向いて手を合わせる人は、わたし以外にもけっこういる。わたしが心の中で密かに瑞穂の国とふるさとのために祈っているのだけれども、それを変な感じで見る人はいないのである。

幸い幸い。

山のエナジー

山は、東の雲が白み始めたかと思うと、あっという間に明るくなってしまう。たなびく雲間を曙光の走るさまは、霊験そのものだ。遠く向こうの稜線のすぐ下にお日様はすでにやってきている。全体的にほの明るいその中心点のいちばん明るいところから太陽が顔を現わしはじめる。ものすごいエナジー、ものすごい光だ。今日一日のエナジーをたっぷりと浴びる。

しかし下山はまだだ。サンライズ台地から十メートルのところに鉄棒が設置されていて、ここで懸垂を二、三十回やってから下山だ。懸垂は、以前は一回もできなかった。ここでやりはじめたのだが、はじめはぶらさがるだけ。一週間して一回、二週間で二回というふうにやっていったら、そのうち十回ほどできるようになっていた。

十回やってすこし休んでまた十回。こんな感じで休みながらも二、三十回できるようになり、筋肉的な自信もちょっとでてきた。この山の上での懸垂も、わが山行の大きな楽しみのひとつだ。懸垂するときに、手袋をはめ、その上にビニールの袋をして鉄棒にぶら下がる。リュックサックはこうした小物を入れるためのものだ。その他、ケータイ、カギ、ちり紙、水などがはいっている。

アンニョンのおじさんはいつも丸腰だ。いつかサンライズ台地で会ったとき「その中に何はいってんの?」って聞いてきた。「ええ!? あ、水なんかいれてます」と答えたのだが、こんなところに関心をもっていたことにちょっと驚いたものだ。あまりにもお節介すぎて。

アンニョンのおじさんは、しかし、そんなことには何の頓着もない様子で、さっさとジョギングで山を下りていくのだった。七十五歳は超えていそうだが、その足取りはいたって軽やか。ほとんど二十代だ。

どこを見ても、山、山、山の山形に生まれたわたしは、ふるさと山形（米沢）では、山行などほとんどしたことがなかったけれど、今ここ韓国は天安で、山行は主要日課の一つとなってしまった。まるでここがわがふるさとになったかのように。

2．黄砂／火山灰／白頭山

日本・韓国に降り積もる黄砂

夕方からぽつぽつと落ちてきた雨が夜九時をすぎてもちびりちびりと降っているようだ。三月三日夜九時十五分。春雨。きのうの天気予報がほぼ百パーセントどんぴしゃりだ。「あすは午後から春を促す雨が全国的に降るでしょう」。車の音にかき消されてはっきりとは聞こえないけれど、霧雨のような雨はたしかに降っている。漆黒の大気に雨の姿は見えないが、遠く、信号がうるんでいる。赤がうるみ、青がうるみ、黄がうるむ。

外窓を思いっきり開けて外気と触れ、雨の感触をたしかめたいのだが、それができない。あまりにも激しい黄砂のせいだ。雨が降れば空中のほこりはきれいに洗い流されるのが普通だけれど、雨であるかないかわからないほどの小雨であり、一方でほこりの方はこの冬最大の黄砂。雨はあたりをしっとりと潤してはくれるけれど、黄砂を全て洗い流す力はないようだ。

二〇一四年十二月に封切となった映画「インターステラー」。人間が宇宙に出て行って新たに住める星を見つけるスジだが、人間が好奇心にかられて地球を出てゆくのではない。黄砂がアメリカ大陸にまでやってくるようになり、家も学校も病院も全部黄砂の砂埃りだらけとなり、地球は人の住める星ではなくなってしまったからである。

一昔前だったら、完璧なつくり話といった認識だったかもしれないが、最近の黄砂情報、黄砂状況をみていると、決してつくり話ではないなと感じる。黄砂の原産地ゴビ砂漠や新疆内モンゴル地域あたりは、「インターステラー」を地でいっているんじゃないだろうか。しかし人々は歯をくいしばってそこで生きている。ものすごいことだと思う。

黄砂といえば、日本だって決して無関係なのではない。わが故郷、山形県米沢市でも黄砂はときおりやってきていた。中学校のころだったと記憶するが、朝起きて外を見ると雪で覆われた一面の銀世界が、あろうことか黒ずんだ土色になっていたのである。わたしが物心ついてはじめて「これが黄砂というものか」と認識したのがそのときだった。見た瞬間、黄砂とわかったのではない。ローカルニュースで「中国からの黄砂が降りました。洗濯物に注意しましょう」といっていてわかったのである。

黄砂におかされた雪は、いつものかた雪とはちがい完璧のかた雪ではなかった。歩くと長靴の底面が一センチほどめり込む。が、スキーにはほとんど影響はないと判断し二キロほど歩いていつものスタート地点までいったが、山の傾斜のはじまる付近でズッと二十センチほどもめり込んでしまった。黄砂のせいなのかその日の気温のせいなのかわたしにはわからなかった。とりあえず一回滑りおり、その日はそれでやめた。どろの上を滑るようで、どうにも興がのらないのだった。

韓国を経由せず……?

考えてみれば、東北の米沢にまで黄砂が飛んでくるというのはすさまじいことだ。九州はもちろん黄砂の圏内だろうけれど、九州よりはるかに遠くに位置する東北くんだりまで飛んできたということは、発生源の中国西域地方のそれが天文学的な量だったということであろう。五十年前、当時から黄砂が日本まで飛来することはあったが、何年かに一度くらいのものだった。ましてや東北までやってくるのはさらにその数分の一ほどであったはずだ。

その当時の韓国の状況をわたしは知るよしもないが、かみさんに聞いても黄砂がどうのこうのという話は聞いたことがないという。歳はわたしより一コ下だ。黄砂は中国からやってくるわけだから、韓国を経由せずに日本にくるということはちょっと考えにくい。

しかし、ここで「ちょっと待てよ」と思った。北朝鮮と中国の国境に位置する白頭山(ペクトゥサン)。九〇年代に大噴火が起こり、その火山灰が北海道や青森の地層から発見されているというではないか。朝鮮半島経由の南のほうのルートをたどって流れていけば、韓国を経由して日本（九州や中国地方）へ行くが、北のルートを経由するなら、韓国には黄砂が降らなくても日本へは行くことになる。とくに北海道や東北へ飛来することになっておかしくない。

韓国の南に位置する慶州に住む彼女がぜんぜん記憶にないということは、昔は、北ルートの黄砂が大勢を占めていたのかもしれない（あるいは、黄砂なんてものは彼女の関心外であったため何の記憶もないのかもしれないけれど）。黄砂発生源の砂漠が、北のほうから南の方へと拡大している可能性も考えられるということなのだろうか。これはあるいはおもしろい推理かも（と一人納得している次第である）。

話が出たついでにここで白頭山の爆発について書いてみたい。白頭山は韓国民族にとっては心のふるさとのような山である。韓民族の親神様ともいえる檀君（ダングン）が生まれた山として有名だ。

韓国の歴史はこの檀君をもってはじまる。今でも一部の新聞の日付欄に、西暦といっしょに檀紀（ダンギ）を記してあるものもある。檀紀というのは、檀君のときから歴史を計数するカレンダーである。日本の神武天皇からの歴史を「皇紀」と定め皇紀二六〇〇年などとやっているあれと同じ理屈だ（ちなみに零戦は一九四〇年つまり皇紀二六〇〇年に作られたためそう呼ばれるようになった）。

また、西暦、檀紀、佛紀と三つ書いてある新聞もある。佛紀とはお釈迦様からのカレンダーである。今年二〇一五年は、西暦はもちろん二〇一五年であるが、佛紀は二五五九年、檀紀は四三四八年ということになる。日本の皇紀は今はもちろん使わないが、もしも皇紀でいけば二六七五年ということになる。韓国の歴史のだいたい半分くらいといったところだ。

わたしが韓国に来たのが西暦一九八八年、ソウルオリンピックが幕を閉じた直後の十月だった。新聞の右上に「檀紀四三二一年」と書いてあったのが今も生々しく思い出される。語呂よく「四三二一」なので、これだけは何があっても忘れることはない。西暦でも一九八八年で、ソウルオリンピックはこの「八八」をとって「パルパルオリンピック」と呼ばれていた。パルパルオリンピック、インパクトのある音じゃないだろうか。「パルパル」かつ「四三二一」ときたもんだ。あのとき来るべくして来たのかも、などと、わたしは一人、韓国へ渡った当時のことをぼんやりと思い浮かべ、深く納得してしまうのである。

白頭山、史上最大級の火山噴火

白頭山に話を戻そう。白頭山は二七五〇メートルで朝鮮半島にある山の中ではいちばん高い山だ。山のてっぺん付近は一年のうち八か月ほど白い雪で覆われており、さらに浮石といわれる白い石が山のいたるところに転がっていることから白頭山という名前がついたようだ。

この山の頂きに「天池（チョンヂ）」というカルデラ湖がある。周囲十四キロという途方もない大きさだ。しかも最大水深は三八四メートルという深さ。山の頂きに水を湛えた噴火口を持つ山は地球上にあまたあるけれど、白頭山の天池がいちばん大きいという。

わが故郷の吾妻連峰の一角に、一切経という山があり、そこに五色沼という一種のカルデラ湖がある。中学のころ学校の遠足で一回登ったことがある。太陽の角度の関係で湖の色がさまざまに変わることから五色沼の名前がついたと教えられた。周囲は九四二メートルと一キロにも満たない。かなりこじんまりとした湖であったと記憶している。白頭山の天池とはそれこそ天と地ほどのちがいといえよう。

これだけの大きさを誇る天池だから、それができる原因となった噴火も、相当のものであったろうと想像はできるが、これがなんと史上最大級の火山噴火であったといわれると、「え？ほんとかよ」と言いたくなるのが人情というものだ。ベスビオス火山もあったし、富士山の噴火もあるじゃないか。最近では、インドネシアのジャワ島のムラピ山の噴火もあるし、フィリピン・ルソン島のピナトゥボ山の爆発もある。ピナトゥボ山の噴火は、一九九一年に二十世紀最大級の噴火だったとネットには出ている。しかし事実は動かしようがないようだ。白頭山の爆発が他を寄せ付けぬほどすさまじかったのである。

白頭山の直近の爆発は一九〇三年であり、それ以前にも二～三百年間隔で爆発を繰り返しているとされているが、これまでで最大の爆発は九〇〇年代のはじめのころにあった噴火である。ただし明確な年度は、今のところはっきりとわかっていないという。白頭山爆発による火山灰が北海道や青森地方で確認されているようで、北海道のほうは年代測定でいうと九三〇年前後のもようだ。一方青森のほうは、九二三年～九二五年ほどまでに範囲が絞れるようである。不思議なことだが、この白頭山の噴火に関しては中国、韓国に残る歴史書に記述がほとんど残されていないようなのである。

一国を滅亡させる威力

渤海という国の名は、おそらく高校の世界史の授業で一度は聞いたことがあるかと思う。この渤海という国、六九九年から九二六年まで続くとされているのだが、その滅亡の経緯については今も多くの歴史学者を悩ませているものらしい。九二六年の一月の数日間で三百年ほども続いた一つの大帝国が滅亡してしまう。最近の地層学的な研究から、渤海の滅亡は白頭山の火山噴火が引き金になったのではないかということが提起されている。ポンペイの町を一瞬にして埋め尽くしたあのベスビオスの火山噴火。それの五十倍もの威力があったと考えられている白頭山の火山噴火だ。一国を滅亡させるのもありえない話ではないと思う。

渤海滅亡の直接の原因が白頭山の噴火であったのかどうかは明確ではないものの、約千年ほど前に直近の最大噴火があったことは確かだ。千年の眠りをやぶって次なる大噴火がいつ起こるかは誰にもわからない。いつドーンとくるかわからないが、現在、白頭山では噴火の兆しともいえるいろいろのことが観察されている。火山性の硫黄のにおいが発生したり、温泉水が湧き出したり、動物の移動があったりといったことだ。二〇一三年のころに、テレビなどでけっこうさわがれていたが、これを書いている二〇一五年にはほとんど出なくなっている。政治的なことと関係しているのかもしれない。

報道はほとんどなくなっているが、白頭山の火山活動が止んだわけではないゆえ、いつ火山噴火が起きてもおかしくない状況だろうと思う。もしも次の大噴火が起こった場合、北朝鮮の崩壊はほぼ必至とみていいだろう。二〇一七年に北朝鮮が崩壊するだの、二〇三〇年に南北統一がおきるだのと、学者といわず予言者といわず、ありとあらゆる人間が朝鮮半島の行方に関して声をあげているような状況だけれど、案外、北朝鮮の崩壊は、クーデターや軍事的なものではなく、白頭山の大爆発が引き金になるのかもしれない。そうなってしまえば北は核を使うスキもないわけで、最大の悲劇は避けられることになるわけだ。

ニュースに出なくなったと書いた矢先に、二〇一五年四月二日夜九時のKBSのニュースに白頭山の噴火に関する内容が出ていた。こういう「同時性」、「シンクロナイズ」はなんとなくおもしろいものだ。やはりこの朝鮮半島においては、白頭山の噴火はかなり大きいテーマなのだ。日本の富士山が早いか白頭山が早いかという時代になってしまった。富士山が噴火しても白頭山が火を吹いても、それぞれの国に与える影響は計り知れないほど大なるものとなろう。

3．青い空、色とりどりの草花

韓国の山に咲く花たち

もう一度黄砂の話に戻ろう。二〇一五年は三月末まで、気分的には毎日黄砂とともにすごしていたといっても決して誇張ではないほどだ。黄砂あるいはＰＭ２・５とかＰＭ０・１と呼ばれる微小粒子状物質の話題で持ちきりの季節であった。

今年はこのように、空はいつもどんよりで胸のつかえたような時間が延々と続いている感じであるが、本来は、こちら韓国の空というのは「韓国の青い空」というフレーズが昔から存在しているくらいその「青さ」で有名なのである。アルバート・ハモンドの「カリフォルニアの青い空」は知ってるけど、韓国の青い空なんて知らねえぜといった声が聞こえてきそうであるが、黄砂さえなければ実にきれいな空が広がるのである。

とはいっても、その青さは韓国の空だけに見られる青さということではないとわたしは考えている。というのは、わがふるさと米沢の空も名状しがたいほどの美しさを誇っているし、気仙沼の空もその美しさにおいて決してここ韓国の空に劣るものではない。モネが描いたフランスの空も美しいではないか。それでも、米沢の青い空とか気仙沼の青い空というフレーズはないのに、韓国の青い空というフレーズが昔からあるのを見ると、やっぱり何か独特のものがあるからだろう。

そこで思いつくのは、韓国の山に咲く花たちと空のコントラストの美しさということである。まずは三月はじめ、サンシュユ（山茱萸、韓国語の発音はサンスユ）という木に黄色い花がほころびるのを契機として山が色づき始める。二メートルから三メートルほどの木に直径一センチほどのぼんぼん状に咲く。黄色のあざやかさはその次に咲きはじめるケナリほどではないが、春を告げるトップバッターとしての役割は大きい。山茱萸の黄色い花を見て、いよいよ長い冬が終わり春が近づいていることをわれわれは知る。

山茱萸が咲いて一、二週間もすると、山といわず野辺といわず垣根といわず、あちこちに自生するケナリがほころびはじめる。花弁が、幅五ミリ、長さ二センチくらいの鮮やかな黄色である。眩しいくらいの黄色だ。日本名は「れんぎょう」である。童謡の歌詞の中にも出てくる。童謡にも使われているということは、日本でもかなり普遍的な花かと思われるが、れんぎょうということばは知ってるけど、実はわたしは恥ずかしながら日本で見たことがない。童謡の歌の中には確かにあるのだけれど、実際に見たという記憶がないのだ。

たまたまうちの大学に交換学生として高知県から来ている女子学生二人に聞いてみると、ことばは知っているけど見たことはないという。高知県出身でもほぼわたし（米沢出身）と同じ状態のようだ。韓国ではやたらとあるのだけれど、日本ではほとんどないか、あるいはないに近い植物のようだ。地域によってちがっているのかもしれないが、韓国の多さに比べればほぼゼロといっていい

ケナリ

くらいの少なさだと思う。こちら韓国は、ケナリのないところに行きたくともそれができないほど、どこもかしこもケナリだらけである。それくらい多い。ウィキペディアで調べてみると、韓国にあるケナリは、韓国が原産と出ていた。ケナリが韓国原産であるということは今回はじめて知った。道理で多いわけだ。

　ケナリから四、五日ほどの遅れで咲くヂンダルレ。ピンクのとても可憐な花だ。背の高いものだと二メートルを越えるものもあるけれど、たいていは八〇センチから一メートルほどの細い木の先につつじと似た形の花をつける。色は紫っぽいものから赤っぽいものまでさまざまだが基調はピンクである。山に自生している。花は食べても大丈夫のようだ。山全体がヂンダルレの花畑みたいになっていて特に有名なところもあるが、韓国のあちこちにだいたいまんべんなく分布している。これは、日本にはなくて純粋に韓国原産の植物である。

　ヂンダルレが咲いて一週間ほど経つと桜が咲き始める。韓国の慶尚南道の鎮海（ジネ）の桜が昔から有名だが、最近はソウルの汝矣島（ヨウィド）や慶州の桜もテレビなどでよく紹介される。ちなみにわたしの勤める大学（白石大学校）の桜もかなり見ごたえがある。今年二〇一五年は気温の低い日が多かったせいか、四月十五日ごろがピークだった。例年より一週間ほど遅いようだ。こちらの桜の花の花弁は、全体的に白色で、ソメイソシノと同じか同系列の桜である。ちょっと先んじて咲きはじめるケナリと後発の桜がいっしょに肩を寄せ合って咲いている光景が普通に見られる。わたしがよく登る太祖山には、ケナリ、ヂンダルレ、桜が今いっしょに咲いていて、かなりにぎやかだ。ここに常緑樹の松の大木が通奏低音としてハーモニー全体を力強く支える。まっすぐの松もあるけれど、多くは根元から大きくうねりのかかった見事な松だ。このラセンのうねりが、単調なはずの通奏低音に幅と厚みを添えることになる。この静かなるハーモニーはおのずから蒼き空へと吸い込まれ、朝鮮半島の空を比類なき青に染め上げるのである。

朝鮮半島の四季

春、朝鮮半島の青い空は花たちとともにある。五月になると、ドングリやナラや桐、アカシヤなどの木々が新緑の生のささやきを奏で、六月の梅雨で洗い流された空はどんどん高くかつ蒼くなってゆく。七月、八月の夏休みは、わが家の北ベランダの白いタイルに寝っころがって本を読み、ものを書き、空を見上げるのがわたしの日課だ。すじ雲の出始める八月の後半、夏休みも終わりに近づくころから、朝鮮半島の空はいよいよ高さを増してゆく。赤トンボの飛び交う空を眺めているうち夏休みは終わり、小さい秋がやってきたかと思っていると、春、勢いよく咲き誇った桜がその葉を赤く紅葉させはじめる。秋本番だ。北の雪嶽山（ソラクサン）のほうから色とりどりの錦の衣を身にまとい、山は赤く黄色く燃え上がる。韓国の青い空というのは、実は韓国の「秋」の青い空というのが本来の形、正しい言い回しなのである。

天高馬肥（チョンゴマビ）、つまり「天高く馬肥ゆる」秋ということばがある。中国発のこのことばは韓国でも使われ、日本でも人口に膾炙している。つまり秋はどこでも天が高くなるのである。ユーラシア大陸の東のはてにちょこんと盲腸のようにくっついている韓国。それでもここは大陸の一部なのだ。昔々西からシルクロードを通って東へ東へと進んできた隊商は、東の果て韓半島に着いて、やっとはじめて砂埃りのない凛とした空を眺めたのではないのだろうか。砂また砂の砂漠の道シルクロードを通ってきた人々には、三方海に囲まれた韓半島の空は、「韓国の青い空」というフレーズを生み出すに足る感銘を与えたのではないのだろうか。隊商の人々がこのフレーズをつくったということではないのだけれど、「韓国の青い空」ということばの中に、はるかいにしえの隊商の足音がわたしには聞こえてくるのである。

「韓国には『道人』が多いです」

道人ということばがある。「どうじん」あるいは「どうにん」と発音するようだ。仏教の修行をする人、世捨て人など、いろいろの意味があるが、いちばん道人ということばのイメージにふさわしいのは、神仏の術を身に付けた人というものじゃないかとわたしは思っている。で、この道人であるが、「韓国には道人が多いです」という冗談、ジョークがこちら韓国にある。韓国語で表せば「한국에는 도인들이 많습니다」となる。

種明かしをすれば簡単だ。忠清南道人とか慶尚北道人ということで、忠清南道に住む住民、また慶尚北道に住む住民という意味である。韓国の地理に詳しくない方のためにもう少し説明を加えると、韓国という国の行政区画が、ソウル特別市を除くと残りは全て「道」という接尾辞的な語のつく単位となる。北海道の「道」と同じ漢字である。

　すべてあげれば、京畿道、江原道、忠清南道、忠清北道、全羅南道、全羅北道、慶尚南道、慶尚北道、済州道となって、ソウル特別市プラス九道というわけだ。そこで、なんとか「道」に暮らす人々を称して「道人」と言っているわけである。

　ソウルに住む人に対しては「あなたは道人じゃなくて普通の人ですね」などと冗談を言うこともあるが、これは単なる冗談ではなくてある種の本音が相当に含まれているといっていい。地方に暮らす人が、ソウルに暮らす人を妬む気持ちから発せられる逆説のフレーズである。

　日本だって東京や東京人を憧れの目で見る視線は多少はあるかもしれないけれど、韓国の比ではない。たとえば筆者は山形県の出身であるが、東京人になりたいとはこれっぽっちも思わない。しかし韓国のソウル指向は無条件であり、絶対的であり、永遠に変わることのない数学的公理のようである。

「사람은 서울로 말은 제주도로（人はソウルへ、馬は済州島へ）」という言い回しがあるくらいだ。つまり、馬として生まれたら済州島に行くのがいい。放牧地は済州島がいちばん広いし質もいい。立派な馬になるには絶対に済州島へ行くしかない。人はどうか。人として生まれたらソウルに行って名をあげ故郷に錦を飾るのが最高だというわけだ。

　日本語バージョンに焼きなおすとさしずめ「馬は北海道へ、人は東京へ」ということになるであろう。馬は北海道へ。これは頷く人も多いけれど、「人は東京」のパートは疑問符を打つ人も多いものと思われる。いや、大阪のほうがいいよという人もいるだろうし、神戸だ、横浜だ、名古屋だという人もあろう。ソウルにあらずんば人（住む場所）にあらずみたいな感覚は、日本の場合、韓国よりはだいぶ薄いものと思う。ソウルの悪口のようになってしまったが、決してそうではない。韓国におけるソウルの特異性を多少強調したにすぎない。

4．ところ変われば、ヨモヤマ話

人はソウルへ、馬は済州島へ

先にソウル特別市プラス九道と書いたが、行政単位としては実はその他に広域市というカテゴリがある。仁川(インチョン)広域市、釜山(プサン)広域市、大邱(テグ)広域市、光州(クァンジュ)広域市、大田(テジョン)広域市、蔚山(ウルサン)広域市の六つだ。あ、さらにあった。二〇一二年七月一日から公式出帆した世宗特別自治市(セジョントゥッピョルチャチシ)である。しめて十七個の行政単位となる。（本書四ページ地図参照。）

ソウルは韓国の首都で、諺にもあるように人として生まれたら必ず行くべきあるいは住むべき場所とされているところである。朝鮮を開いたイ・ソンゲ（李成桂）が漢陽(ハニャン)つまり今のソウルに都を作って以来の伝統で、一三九二年以来だからかれこれ六百年を越えているわけだ。

漢江(ハンガン)という大きな河川がソウルを南北に分ける形で流れており、漢江の北側は江北(カンブク)といい、漢江の南側は江南(カンナム)という。歌手「PSY(サイ)」が歌って全世界的な大ヒットとなった「江南(カンナム)スタイル」のカンナムは、この江南地域の中の中心部に位置する一つの街の名前である。これまでは韓国一の繁華街とされてきたが、二〇一三年あたりからは江北のほうの弘大前(ホンデアプ)や建大前(コンデアプ)が若者の集まる韓国一の人気スポットとなっているようだ。ホンデアプとは、弘益大学校前という意味であり、コンデアプとは建国大学校前の意味である。

ソウル市を取り囲むようにドーナツ型に広がっているのが京畿道。この畿という字は、近畿地方の畿と同じで「都」という意味をもつ漢字である。京畿道はわたしがこちら韓国に住みはじめた一九九〇年のころから急速に都市化がすすみ、水原(スウォン)、盆唐(ブンダン)、板橋(パンギョ)、龍仁(ヨンイン)といった大都市がぼこぼこと造成され、副都心的な存在として大きく光を放っている。

京畿道と江原道

京畿道の東北側にくっついているのが江原道。雪が比較的多く、じゃがいもが有名だ。雪が多いといっても、スキー場には一メートルくらいは自然の雪が降るが、真冬でも雨が降ったりしてどこのスキー場でも人口雪を作る機械をおいておかないといけないのが現状だ。わがふるさと米沢の吾妻山にしても、六メートルくらいは降るし、山形と新潟の県境にある小国という村などは八メートルくらい積もる。こうしてみると韓国の一メートルというのは、雪の量としては日本の六分の一から八分の一ということになる。それでも韓国のスキー場には中国や台湾やタイ、ベトナム、などから毎年数多くのスキーヤーがスキーやボードを楽しみにやってきている。ときどき日本からやってくる団体客もいたりして不思議ではある。

江原道といえば雪嶽山(ソラクサン)をあげないわけにはいかないだろう。春夏秋冬を通して登山客、観光客がいちばん多い山がこの雪嶽山である。

忠清道

京畿道の南側に接しているのが忠清北道、その西にわたしの住む天安市のある忠清南道となる。忠清南道は西海(ソヘ=黄海)という海を擁しているが、忠清北道は韓国では唯一、海を持たない道(ド)である。山深い里が忠清北道というわけだ。山深いとはいってもスキー場のある山は大部分江原道であり、忠清北道の山は登山客の多い山といえようか。冬でも登山を楽しむ個人や団体が多い。

韓国の「奥地」といえば、江原道と忠清北道があげられるが、わたし個人としては忠清北道をあげるだろう。江原道は山も多いし奥地ではあるが、東に海をひかえているためなんとなく開放感みたいなものがある一方、忠清北道は周囲が完全に閉ざされていて、まさに奥地そのものといえるからだ。地域開発がいちばん遅れているため、逆に最近は帰農(クィノン)あるいは帰村(クィチョン)ということで、忠清北道に都市部から移り住む人が増えているようだ。

同じ忠清道(チュンチョンド)でも、筆者が住んでいる忠清南道は、ソウルへの通勤圏であるため、集合住宅(アパート)がハイピッチで造成されている。特にわが町天安(チョナン)市は、忠清南道のナンバーワン都市の風格をそなえつつある。この五十数年の間に人口が六万くらいから六十万超まで増え、人口増加率が韓国でトップクラスである。また忠清南道の燕岐郡（ヨンギグン）というところは、ほとんど田んぼと畑だけの寒村だったのが、二〇一二年七月一日から世宗特別自治市として出帆し、政府庁舎の大部分がここに移転することになった。

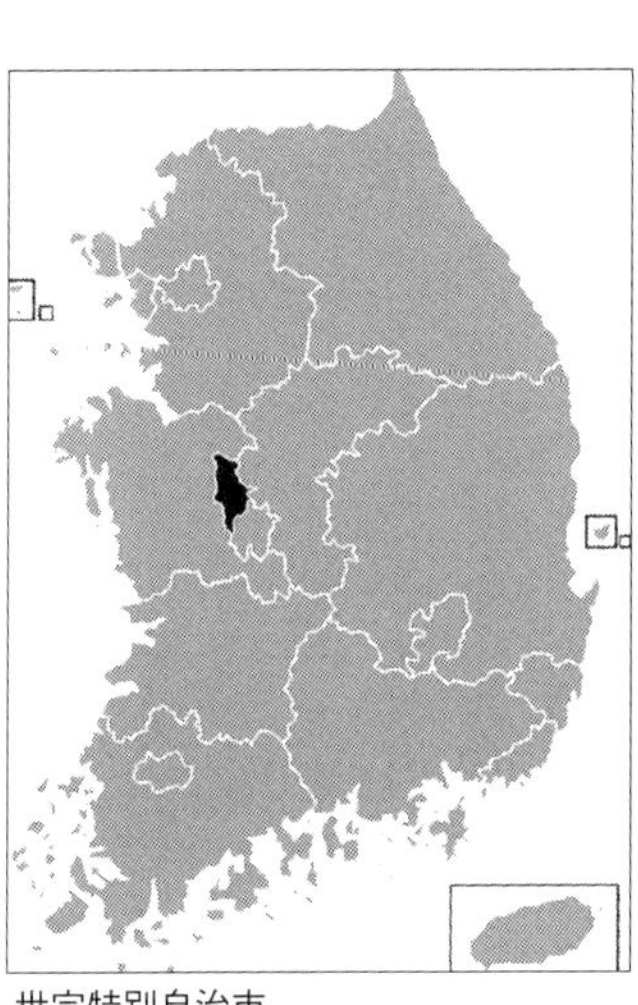
世宗特別自治市

計画から十年の歳月が流れたが、こうして実現したこと自体、奇跡だとわたしには思えるくらいだ。途中で何度も御破算になりそうになりながらもこうして実現したのは、忠清南道の人々とくに燕岐（ヨンギ）郡の住民らの強い意志の賜物である。出帆して三年が経ち、インフラの整備なども進む中、これからの大きな飛躍が見込まれている街である。政府機能の分散化のモデルケースということで、外国からも大きな注目を浴びているようだ。外国の自治体の訪問が後を絶たないという。

慶尚北道

江原道の南に慶尚北道、その南に慶尚南道が続く。忠清南道の南に全羅北道があり、その南に全羅南道が控えている。

慶尚北道のいちばんの観光スポットは、なんといっても慶州（キョンジュ）だ。新羅時代の首都で、王陵があっちこっちにごろごろとある。どこを掘っても遺物が出てくるため、市の許可がなければ土を掘ることもままならない。高いビルディングを作るのも禁止されており、工場を作ることもご法度となっている。ために慶州市内に行くと、空が広く感じられ胸のつかえがポーンと一挙に吹っ飛んでしまうのが実感されるだろう。

南山（ナムサン）、仏国寺（プルグクサ）、石窟庵（ソクラム）は必ず訪れてほしいスポットである。市内の皇南洞（ファンナムドン）にある瞻星臺（チョムソンデ）、鶏林（ゲリム）、半月城（バンウォルソン）も手軽に行けるので、是非一度足を運んでいただきたい。二千年前の新羅の息吹きを感じることができるだろう。

他のところにも何度か書いたが、ここ皇南洞はかみさんのふるさとである。そんな関係で結婚当初からこの瞻星臺、鶏林、半月城へと続く道は、わたしのこよなく愛する散策コースだ。

残念なのは、慶州からほど近い海辺に新月城原子力発電所があり、慶州郊外には核廃棄物処理場が設置されたことだ。今年二〇一五年七月十三日にこの処理場が稼動をはじめたというニュースを聞いて胸が張り裂けんばかりである。

なんで歴史の町慶州にこんな怪物を作ることになったのか。土を掘るにも許可がいるという厳しい管理をしてきていながら、なぜにこの美しいかけがえのない大地にこの世の中で一番醜く忌まわしい核施設がこんなにもたくさんできてしまったのか。地をたたき天を仰いで涙の叫びをおれはあげたい。「このアホー。なんでこの聖なる地をけがしてくれたんだ！　一日も早く核施設を取り去れ！　この千年古都慶州から出ていけ！」と。

慶尚南道

次は慶尚南道にいこう。慶尚南道は韓半島（朝鮮半島）の東南部に位置し日本から最も近い一帯だ。下関と釜山を結ぶ関釜連絡船は今も運航している。この釜山が慶尚南道の中心地だ。行政上は慶尚南道と釜山広域市ということで別になっているが、旅行、観光上は慶尚南道と考えてさしつかえない。

釜山は、ユギオ（朝鮮戦争）のときに北朝鮮を脱出し南へ南へと逃れてきた避難民が大挙して住むようになった土地がらだ。釜山住民の何パーセントが北の出身者かはわからないけれど、相当の割合で北出身者がいることは事実だ。わが韓国人の親友キム・ヨンヂュさんも、両親が北の出身者である。この人たちの特徴は、まじめ、一生懸命、いちず、なりふりかまわずとまとめられよう。

財産といわず生活基盤といわず、友、親戚、……すべてを涙ながらに手放して脱出せざるをえなかったゆえ、釜山での避難生活は無一文からの出発だった。隣の人もそのまた隣の人もみんな同じ境遇であったから、なんとかやってこれたのであろう。なにもないところからの生活だから、まじめに、一生懸命に、一途に、なりふりかまわず働くしかなかったわけだ。

北出身の両親を持つその二世たち（ヨンヂュさんもその一人）も、親の血を受け継いで生一本というか、まじめで一片丹心の人が多い。一片丹心というのは「イルピョンタンシム」という発音で、永久に変わらない心、ブレない心といった意味である。義理堅く、裏切りのような行為は絶対にしない信じるに足る人が多い。

このころの象徴的な存在が影島橋（ヨンドタリ）である。自分の名前、連絡先、北にいたときの住所などを書き込んだ紙を橋げたや欄かんに貼り、一人でも身寄りを見つけようとしたのである。二〇一四年十二月に封切りとなった韓国映画「国際市場（クッチェシヂャン）」は、封切りから二十八日にして一千万人を動員する超ヒット作品となったが、ちょうどこのころの状況を描いた映画である。

歌では玄仁（ヒョン・イン）という歌手の「굳세어라 금순아（クッセオラ グムスナ）」というヒット曲がある。今でもノレバン（カラオケボックス）では人気の歌だ。その歌詞をしばし見てみたい。

タイトルの「クッセオラ　グムスナ」は、「負けるな、グムスナ」ということで、グムスンという愛する女性と生き別れとなり、自分は釜山の国際市場で商いをする身となったが、お前は今どこで何をしているのかと切なく待ち焦がれる内容。グムスンという名前であるが、語尾が変化してグムスナとなると「グムスンちゃん」とか「グムスンさんよ」などのように呼びかけのニュアンスが含まれるようになる。

「負けるな　グムスナ」

一．吹雪が吹き荒れる北風の興南（フンナム）の埠頭に

声を限りに叫んでみたぜ、探してみたぜ
グムスナ、どこに行ってしまったんだい。
道に迷ってさまよっているのかい
血と涙にまみれながら一・四後退の後、
おれ一人で来たんだよ

二. 家族も親戚もない身で、今何をしてるんだろうか
このおれは、(釜山の)国際市場で商いをやっているぜ
グムスナ、遭いたいね。ふるさとの夢もなつかしいよ
影島橋の欄干の上に、三日月だけがさびしそうに浮かんでいるよ

三. 鉄のカーテンと断腸の辛さを北に残して今生きているけど、
天地の間におれとお前、変わることがあろうか
南北統一のその日が来たら
手に手をとっていっしょに泣こう
抱きしめて踊り明かそうや

歌詞の中の一・四(イルサ)というのは一九五一年一月四日のことである。一九五〇年六月二十五日にいきなり北が南に武器をもって侵攻した。これがユギオ、つまり朝鮮戦争の勃発で

ある。

　はじめ北がだーっと攻めてきたが、南は米軍の加勢を得てぐーっとまた北に追いやった。ところがこんどは中共軍（中国共産党）が北を加勢して、同じ共産軍として攻勢をかけてくる。中国は軍人の数が桁違いに多いから、それこそ人海戦術でやってきたのである。

　これが一九五一年一月四日。中国軍プラス北朝鮮軍は撃たれても撃たれても前へ前へと攻めてきたと言われる。この日、北に生まれながら赤つまり共産主義を嫌う全ての人々が命一つだけをもって南に避難してきたのである。これが一・四後退（イル・サフテ）といわれる歴史的事件なのである。

全羅北道と全羅南道

　慶尚南道が長くなってしまった。次は忠清南道の下つまり南につづいている全羅北道と全羅南道にいこう。一九六三年に大統領となった朴正熙（バク・チョンヒ）が連続五期にわたって大統領をすることで、慶尚道は飛躍的に発展し全羅道のほうは沈滞に陥るという構図ができてしまうことになる。

　朴正熙は慶尚道の龜尾（グミ）の出身であった。強力なカリスマでユギオのあとの荒廃した韓国を立て直しに取り掛かった。セマウル運動という国起しプロジェクトが大きく功を奏し、そのころ一人当たりの国民所得がフィリピンなどよりも下にあったのを、あれよあれよという間に上位圏にまで押し上げるのに成功する。

　しかしあまりにも長く権力を握りすぎたのだろう。部下の凶弾に倒れるころは、韓国に独裁政権ありと世界中に知られるようになっていた。わたしもその当時はまだ日本にいて、韓国への関心はそれほど高くもなかったのに、「朴正熙の独裁は許せねえ」などと友人と話していたのを思い出す。今思えば愚かだったと思わざるをえない。あの当時はあれくらいの独裁は韓国にとっては必要な独裁、カリスマだったと今は思う。第一、朴正熙が許せねえ、などという前に、じゃキム・イルソンはどうなの？　カダフィはどうなの？　朴正熙の何倍も独裁がきつかったんじゃないのか。

わたしが韓国に来たのが一九八八年だったが、このころソウルのカンナムバスターミナルへ行くと慶州や釜山など慶尚道のほうへ行く路線（キョンブソン、京釜線）は、待合室も明るくて広くてきれいだったが、全羅道方面へ行く路線のホナム線（湖南線）は、規模も小さくどこにあるかわからないくらい無視されたつくりになっていた。

これが全羅道出身の金大中（キム・デヂュン）が大統領になったとき（一九九八年二月から二〇〇三年二月）に大きく変貌し、仁川空港、金浦空港に行く路線と同じ場所にそれまでの数十倍ともいえる規模で造成されたのである。今や京釜線がみすぼらしい体たらくとなってしまった。京釜線は以前のままなのだが、湖南線があまりにもすんばらしい作りになってしまったために相対的に完全に見劣りがするものとなったのである。

ご存知のように金大中は全羅南道木浦（モッポ）の出身である。大統領が変わるとこんなにもえげつなく変わってしまうもんなの？　と湖南線を見るたびにわたしは思う。わが妻のふるさと慶州に行くときには(今はマイカーで行くけれど)、このみすぼらしい京釜線のほうに行ってバスに乗るわけだが、しかし、だからといって湖南線の豪華さに腹は立たない。

これでいいんだ。慶尚道がこれまでどれだけ甘い汁を吸ってきたことか。わたしなどに見えるものだけでもすごいのに、見えてないところまで含めたら、それこそ気が遠くなるくらいの「横行」が行われてきただろうと思うからだ。最近は、KTXも開通して慶尚道と全羅道の格差は少しずつ縮まっていると言えるだろう。それでもやはり五十年以上の時間と十数年という時間の差は覆い隠せるものではない。

光洲——流刑の「恨」が染みこんだ伝統芸術

全羅北道の道庁は全州(チョンヂュ)だ。ここはビビンパプの本場。全羅道は料理がおいしいことと食事を注文したとき、おかずの量の多さでも有名だ。ビビンパプを注文してもいっしょに出てくるおかずが何種類にもなり、すべて食べきることはできない。客に対するおもてなしとしてはとてもありがたいものだが、あまりにも多くの料理がほとんど手つかずのまま残ってしまうので、もてなしをうけたという感謝とともに、これ全部捨てることになっちゃうのかという罪悪感にうちひしがれることになる。

全羅南道の中心は光洲(グァンヂュ)だ。ここも光洲広域市ということで行政上は全羅南道とは区別せねばならないが、釜山が慶尚南道の中心であるように光洲が全羅南道の中心と考えてさしつかえないだろう。

全羅道は、朝鮮時代の昔から島流しの地として有名だ。丁若鏞（チョン・ヤギョン）や鄭道傳（チョン・ドジョン）をはじめ多くの学者や両班（ヤンバン）らが全羅道の各地で流刑生活を送ることになる。政争に破れて流刑になるものあり、真実を言って流刑になるものあり、民衆の利を守ろうとして流刑になるものありと、その形はさまざまだが、恨（ハン）をいだいたエリート層が全羅道で流刑生活を送るという共通点があった。

そうした恨（ハン）は空気に溶け込み水に染み入り大地に潜みながら長い歳月をずうっと旅してきているのかもしれない。パンソリやチュム（踊り）の名手が、ここ全羅道から多く輩出されるのはゆえなきことではない。パンソリをはじめとした韓国の伝統芸術には、恨（ハン）がしみこんでいるといわれている。

恨（ハン）をエナジーとして表出させたものがパンソリでありチュム（踊り）といえよう。パンソリというのは、日本の浪曲と民謡を合わせたような芸術である。韓国の伝統芸術を見るときには、表相の音や色や形だけではなくて、その内面に潜む情、つまり恨（ハン）の心を感じるべきものなのであろう。こんなことを書いている筆者がそうできているのかというと、恥ずかしながらそうでもない。まだまだその境地にまでは達していないが、そうあろうと努力はしている。

光洲学生抗日運動・光洲民主化運動

恨（ハン）をいだいた土地全羅道の中心地、光洲。そんな影響かどうかわからないが、光洲は昔から大きな事件が発生していることでも知られている。多くは血をともなったものだ。

たとえばその一つが、光洲学生抗日運動である。一九二九年十一月三日、日帝時代のど真ん中にある時期、全羅道のとある中学校の学生らが日本警察を相手にデモを起こし、大きな暴動にまで発展する事態となったもの。

そのときそのデモに参加したというおじいさんと会ったことがある。会ったとき（二〇〇〇年ごろ）は九十一歳でも現役の牧師として元気にやっておられた。あれから十五年も経っているから、おそらく今頃は天国でゆっくりしておられると思う。九十一歳のおじいさんではあったけれど、七十歳くらいにしか見えなかった。眼光鋭く声に張りがあり歩く姿ははがねのようであった。光洲での学生運動を誇らしくまたありありと語るその姿が、今も強く瞼に焼き付いている。これは、韓国人の女学生が日本人からいたずらをされたのを目撃した男子（韓国人）が、その日本人をたたいたことから韓国の学生と日本の学生との全面衝突にまで発展したもの。これをきっかけに全国に抗日の輪が広がりを見せたのである。

一九八〇年の光洲民主化運動も、光洲を世界に知らしめた出来事である。一九八〇年といえば大昔のことではなく「最近」のことだ。ほとんど現代という時代に軍がいきなり市民めがけて銃を撃ち大砲をぶっ放ったのである。民主化を叫ぶ光洲市民のだれが、韓国軍が自分たちに発砲するなどと想像したであろうか。

一九八〇年五月十八日に起こったこの「事件」は、韓国の民主化運動史のなかで最も痛ましい、また最も重要なものとなった。五月十八日の「五」と「一」と「八」をとって、「オ・イル・パル」といわれている。同じ韓国人が韓国人に向けて発砲し二三一人が犠牲となった。軍がこの事態を秘密にしようとして、市に通じる道路をすべて封鎖したため、韓国内の新聞社などはその状況を伝えられずにいたのだが、外国人の特派員がテレックスで本国の本社に送り、そこで報道された内容を見て、当事者である韓国の一般市民が事態の真相を知ったという嘘みたいな話が現実として起こっていたのである。

しかしこの大きな犠牲が引き金となって韓国の民主化は大きく進むこととなった。この光洲事件から七年後の一九八七年六月二十九日、当時大統領であった盧泰愚（ノテウ）が「六二九宣言（ユギグ・ソンオン）」をすることで、それまでの軍事政権からシビリアンコントロールつまり文民政府が登場することになったのである。光洲市民の犠牲が最も大きな功であったことはいうまでもない。

済州道

次は済州道にいこう。行政的にはここは済州特別自治道（ヂェヂュトゥクピョルヂャチド）となる。略して済州道（ヂェヂュド）。済州道でおもしろいのは、済州道という表記があり済州島という表記があること。済州道と済州島、韓国語の発音はともに「ヂェヂュド」となり同じ。日本語だったら「済州道」は「さいしゅうどう」となり「済州島」は「さいしゅうとう」となるだろうか。地理的なニュアンスのときは済州島となり、行政的なニュアンスの場合は済州道となるわけだが、韓国語ではつね

に「제주도」つまりチェヂュドと表記していればいいので使い勝手がいい。
日本人が観光で使うときには済州島となろう。公務員かなにかが、「きのう済州道へ行って来たよ」と言えば「あんた東北の人ですか」となることまちがいなしだ。本人は江原道や慶尚道じゃなくて済州道へ行って来たということを言いたかったのかもしれないが、そこまで知っている日本の韓国オタクはほとんどいらっしゃらないんじゃないだろうか。

朝鮮半島の南の海にぽつんとミジンコのように浮かぶ島。これが済州島である。火山の爆発でできた島であるため島のほとんどは玄武岩だ。

この島は、「三多島」とも呼ばれている。まず石（岩）が多いこと。そして風が多いこと。それから女が多いこと。それで「三多」の島と言われるのである。日本語的に発音すると「サンタの島」となってなかなか乙な響きとなる。

石が多いのと風が多いのはそれなりにわかるが、女が多いというのはなぜか。これは男たちは皆船で漁にでて行き島に残るのが女たちだからである。島に残って家を守り海女として近場の海であわびなどを採って家計を支える。済州島の女は女丈夫として有名だ。生活力が非常に旺盛なのである。

わたしの知り合いに済州島出身の女性が二、三人いるけれど、例外なく皆たくましい。自分の店の経営に、奉仕活動に、地区の婦人会にと、わたしだったら三日ともたないようなハードなスケジュールを二十年、三十年と続けている。おそれいりました、という感じなのである。

始皇帝時代、徐福の伝説

島の東南の海辺に西帰浦（ソギポ）というところがある。ミジンコのおなかのあたりだ。ここは知る人ぞ知る徐福という秦の時代の中国人と非常に関係深い地なのである。

徐福というのは、秦の始皇帝の部下で方士（道士あるいは策士といった意味）だった人。この徐福が済州島を一回りして「西に帰っていった」ということから西帰浦といわれるようになったという伝説がある。

済州島の三大瀑布（滝の意）の一つ正房瀑布（チョンバン・ポクポ）が西帰浦にあるが、徐福一行が滝の美しさに見とれ、しばし足を止めて眺めいったあとおもむろに歩き出した。そのとき滝の岩肌に「徐市過此」という字を刻んだのだが、それが今も残っていることからこの伝説に信憑性を与えているようだ。

「徐市過此（ソブルクァチャ）」というのは、徐福がここを過ぎた、という意である。徐市は徐福のこと。ちなみに徐福という人は秦の始皇帝に使える参謀であったが、始皇帝の念願であった不老不死の薬を調達してくるよう命令を受け、蓬莱山目指して東へ東へと旅に出る。総勢三千人という人間と、動物や植物や種などありとあらゆるものを船に積んで出発したもようだ。ノアの箱舟にもまさる壮大な絵図である。始皇帝のもとに帰ることは考えていなかったのかもしれない。民族の大移動、大脱出というほどのものだったんじゃないのだろうか。

徐福一行は、正房滝の浜から済州島をあとにし、海流に乗って日本の地へやってきたものと考えられている。一行は大船団だった。一つの船に百人乗れるかどうかわからないけれど、百人乗ったとしても三十隻だ。いろいろの動植物に食物、荷物と膨大な量だったろうから、五十隻にも百隻にも及ぶ大船団だったにちがいない。ある船は九州の佐賀県あたりに上陸し、ある船は瀬戸内海を通って大阪、和歌山あたりへいき、ある船はさらに東北のほうへと、それぞれ散り散りになっていったものと思われる。徐福伝説は、日本の各地に残っているのである。

これはあるネットで知ったのだが、佐賀県杵島郡諸富町の金立神社には、「徐福上陸地」の石碑が立っており、堂の中には徐福像が祀られている。徐福一行がそこを去るとき記念として中国から持ってきたビャクシンの種を植えたというが、それが今も樹齢二千二百年以上の歴史を刻んで元気な葉をつけているという。神社のご神木でもあるこのビャクシンの木は、日本国内ではここにしかないとされているだけに、この徐福伝説は単なる伝説ではなくて史実ではないかとわたしは思っている。

ネットからもう一つ徐福伝説を紹介したい。同じ佐賀県吉野ヶ里遺跡。吉野ヶ里といえばひところテレビ、新聞で大騒ぎだったから名前くらいは記憶に新しいと思う。この吉野ヶ里遺跡が実は徐福と深いつながりがあったのである。同遺跡から発見された絹や人骨などを調べてみたところ、中国との強いつながりが見られ、徐福に同行してきた人たちがここ吉野ヶ里に住み着き、一大王国を築いたのではないかと考えられているというのだ。

昔、世界史の時間、徐福という人の名前はなんとなく聞いたことがあるような気がするけど、その徐福がこうして日本くんだりまで来ていたとは驚きものきである。

徐福は七十歳ごろまで生きて富士山の麓で息を引き取ったといわれているが、そのあたりの徐福についての詳しい記述が、富士吉田に保管されている『富士古文書』（宮下古文書）の中にあるそうである。

済州島では徐福の話ばかりになってしまった。徐福はこれくらいにして最後に三姓穴について書いて済州島をあとにしよう。

「三姓穴（サムソンヒョル）」伝説

済州市に「三姓穴（サムソンヒョル）」という遺跡がある。草の原に穴が三つぽかんと開いているだけの遺跡だ。その昔、この穴から一人ずつ神さまが出てきた。名前はそれぞれ良乙那（ヤンウルナ）、高乙那（コウルナ）、夫乙那（プウルナ）といった。三人の神さまが山に登って見てみると島のどこにも馬、牛、人の姿は見えなかった。三人の神さまは毎日海辺に出て、魚や貝を採ったり、山に登って木の実を採ったりして暮らしていた。

ある日いつものように海辺に出てみると、海の上を大きな木の箱が流れてきた。引き上げてみると中から紫色の着物を着た人と石の箱が現われた。石の箱の中には青い着物を着た娘が三人いた。米や麦の種があり、子牛や子馬もあった。

三人の神さまが驚いていると、紫の着物を着た人が立ち上がって、

「わたしは東の国からおつかいに参りました。王様があなた方がこの島にいることをお知りになってこの若い女の方々をおつかわしになりました。どうぞこれからごいっしょに助け合ってこの島が栄えるようにしてください」

と言うと、そのまま雲に乗って高くまい上がっていったのだった。三人の神さまは、三人の娘と力を合わせて野を耕し、種を蒔き、草を刈って子牛や子馬を育てた。

三人の神さまは名前はあったが王と家来の区別がなかった。そこで弓を引いて一番上手に的を射たものが王になることにしてそれぞれ弓を引いてみた。結果、高乙那が一番上手に的に当てたゆえ彼が王となり、ほか二人は家来となった。王の家にも家来の家にも子どもがたくさん生まれ牛も馬もだんだん増えていった。米も麦もよく実り島はおおいに発展していったそうな。

これが「三姓穴」にまつわる伝説である。

この内容は、昭和七年朝鮮総督府発行『普通学校国語読本巻五』の中にあるもので、筆者が博士論文を書く時に参考にした資料である。

済州島はまさに伝説の島である。

5．韓国の「北部地方」、北朝鮮

国境すぐ下のソウルは「中部地方」

韓国は、ＫＢＳの夜九時のニュースが一番メインのニュースである。ニュースの終わりに天気予報をやる。韓国に来たてのころは、ニュースなどは勿論ほとんど何を言っているのかわからない。何か月か経って多少聞き取れるようになったころのことだった。ソウル付近の天気予報のとき「あすの中部地方は雨のもようです」とお天気キャスターが言ったのである。

ソウルは三八度線のすぐ下にあるから韓国の地理的位置からしたら「北部地方」と言うべきである。しかしわたしの耳にははっきりと「中部地方」と聞こえていた。なんで「中部地方」なんだ？　なんで北部地方じゃないんだ？

あとでわかったことだが、地図上は北緯三八度線をさかいに、上（北）は北朝鮮、下（南）は韓国と分断されているが、本来は下から上まで全部韓国なのだ。だからソウルは中部地方なのである。たまたま北朝鮮の武力侵攻によって三八度線が引かれているけど、それはわれわれは認めない。そういう強い意志がソウル付近をあえて「中部地方」と表現していることに現われているというわけである。

天気予報というなんの変哲もないきわめて日常のことまでにも「北朝鮮よ、きさまの武力侵攻は認めていないぞ」という強いメッセージが埋め込まれていることに、改めて分断の傷の深さを思い知った次第だった。

上述したように本来は下から上まで一つの国なので、北朝鮮の道についても簡単にスケッチしてこの稿をまとめようと思う。

東北部、ロシアのウラジオストクと接しているのが咸鏡北道、その南に咸鏡南道、咸鏡北道の西に両江道、慈江道と続き、その西に平安北道、平安南道、そして黄海北道、黄海南道とあり、東のはずれに江原道がある。江原道は韓国の江原道と同じ表記だ。韓国の江原道のすぐ上に北の江原道が位置する。三八度線で区切られている格好だ。このように道が九つある。

そして平壌直轄市、羅先特別市、南浦特別市があり、さらに新義州特別行政区、開城工業地区、金剛山国際観光特別区となっていて、しめて十五の行政区画になっている。ちなみに韓国は十七の区画になっている。

北朝鮮の抱える時限爆弾、白頭山

北朝鮮は、キム・イルソン、キム・ジョンイル、キム・ジョンウンと三代にわたる独裁体制を維持する世界でも類を見ない国だ。二〇一一年十二月十七日のキム・ジョンイル死亡のあと、北の国防委員長すなわち最高権力者となったキム・ジョンウンも今年（二〇一五年）で足掛け五年目となり、彼に楯突く危険性のある者たちを悉く粛清しているため、安定した時代に入ってきていると見る向きもある。

科学者、外交官、歌手、踊り子といったいわゆるエリート層に属する人たちの脱北が急増している中、北の独裁体制はいちおう安定しているように見え、不思議ではある。韓国のテレビに出演し北の悲惨さを涙ながらに訴える脱北の歌手などをみていると、今すぐにも崩壊してしまうんじゃないかと思うのだが、いったん固まってしまった組織や体勢というものは、その中味がどんなに卑劣で汚れたものであるとしても、ちょっとやそっとでは崩壊するなんてことはないもののようだ。実に不可解である。

前述した白頭山(ベクトゥサン)は両江道に位置する、二七五〇メートルの高さを誇る半島一の名峰だ。もしも今爆発すれば、北朝鮮という国は自動的に崩壊してしまうだろう。何の武力の必要もなしに。

この白頭山、檀君(ダングン)の生誕地として韓民族にとっては聖なる山であり精神的支柱ともいえる山であるが、その多くの部分を中国に売り渡し、中国と北朝鮮の比率が五対三という割合であるというから、韓国人が腹を立てるのもうなずけるというものだ。統一しても、八分の三しか楽しめないじゃないかというわけだ。

金に困ってのことだとは推察するけど、民族の霊山をそんな簡単に売り飛ばしてもいいの？と筆者は第三者ながら気がもめるところだ。あの霊水・天池も、天池本人は存ぜぬとこであろうが、ほぼ中心線が国境となっており、此岸は北朝鮮、彼岸は中国となっている。もちろん天池の上に線が引かれているわけではないけれど。

大陸とつながるための通過地点

韓国、日本、米国などからの援助の金を使って核開発をやっていたわけだが、それだけ核をなんとしても早く完成させようとしていたことがわかる。これまで何度、核を口実に会談を開催し援助を取り付けてきたことか。「これこれしかじかの援助をくれるなら核はやめる」という言い回しで。米も韓も同じ口車に何度乗せられたことか。でも約束が守られたことはない。理由は簡単だ。北が核を放棄する考えなど、はじめから全くないからである。北が核を放棄することはイコール北の体制を放棄することである。北の核放棄はありえないことなのである。

さて、この核であるが、研究施設は平安北道にあり、核を爆発させる実験場所は咸鏡北道の吉州郡（キルヂュグン）というところである。これまでキム・ヂョンイルのときに二回、キム・ヂョンウンのときに一回、地下核実験を行っている。すなわち二〇〇六年、二〇〇九年、二〇一三年の三回である。二〇一五年二月、北が四回目の核実験をやる可能性があるとして周辺国は緊張状態にあった。二〇一五年十二月現在、幸いまだ四回目はやっていないが、四回目の核実験をほのめかす言動をちらほらとまたやらかしている。なんとも手に負えない、ならずもの国家である。

核実験、もちろんしてもらっちゃ困るけど、「北よ、核実験をやるでない」と言える国は、実はどこにもない。米国も中国もロシアも、過去におびただしい核実験をやってこの地球を放射能汚染させてきた。北朝鮮はここのところをよく知っている。

国際社会を敵にまわし一人孤立しているように見える北朝鮮であるが、これがなかなか井の中にのみ留まっているわけでもないのだ。ロシアのみならず韓国とも物流ルートが開かれたのである。

二〇一五年二月、北朝鮮の羅津（ナジン）港とロシアのハサンを鉄道で結ぶ「ナジン・ハサンプロジェクト」に韓国（釜山市）が参加することでサインされたのである。ナジン・ハサン間五十四キロが鉄路で結ばれこれがシベリア横断鉄道に連絡しているゆえ、韓国・釜山から船便でナジン港にとどいた荷物が陸路でモスクワ、ヨーロッパに輸送されることになる。これによって、韓国〜ヨーロッパ間の物流は、期間にして十五日〜二十日、費用にして十五パーセントほども削減されることになるという。

世界から除け者にされていると考えられている北朝鮮であるが、いつの間にかシベリア横断鉄道に乗ってヨーロッパと陸路でつながる時代になっているのである。

日本もこの「ナジン・ハサンプロジェクト」に参加する機会があったらしいが、どうも日本は一人蚊帳の外におかれたもようだ。船でも飛行機でもヨーロッパにつながることはできるが、シベリア横断鉄道の威力が最高であろうとわたしには思える。

そのためには朝鮮半島の南および北と手を結び、「どうぞよろしく」として入ってゆくしかないはずだ。幸い日本にも道人がいる。北海道があるじゃないか。この際、同じ「道人」のよしみにあやかって仲間に入れてもらい、シベリア横断鉄道に鉄のコイル一片でも載せられるよう働きかけるのが賢明な行き方ではないだろうか。

今年「物資」が韓国からシベリア横断鉄道に乗ってヨーロッパへ行くルートが開かれた。数年後には「人」が同鉄道に乗って行けるようになるだろう。日本だけが一人、極東の地に取り残されないよう手を合わせて祈るのみである。大陸につながっていくためには、やっぱり一番近い韓国、北朝鮮を通っていくしかないわけだから。

あとがき……후서

天涯孤独の学生、チェ・サンヒョン

ちょっと長くなるけれど、本文に入りきれなかったエピソードをご紹介したい。

学生の中にはときどき独特の個性の持ち主がいて、教えの場、学びの場に立つこの職業はつねに刺激的である。天安の今の大学にきて早々のころだった。いつも真ん中の一番前に座って授業を受ける男子学生がいた。チェ・サンヒョン。身長が一九〇センチ近くあるから座っていてもよく目立つ。しかし性格は背の高さとは裏腹にきわめて小心というかかなりの恥ずかしがり屋だった。軍隊服務を終えて復学したばかりで、死に物狂いで勉強をやるぞという意欲が、一番前の席に座るという形で現われていたのである。授業中当てられると自信のある時は声も大きいが、多少自信がないと蚊のなくような声になるのだった。その落差があまりにも大きいので、それだけでもわたしにはかなり滑稽に思われたものだ。滑稽というよりは微笑ましく、といったほうが正確かもしれない。

一学期が終わりに近づいたころ、研究室のドアをたたくものがあった。「はい、どうぞ」といったが、だれも入ってこない。もう一度今度はさっきよりも大きい声で「どうぞ」と言う。

背の高い子が恐る恐る入ってきた。

「お、サンヒョンじゃないか」

「はい、キョースニム」

「きょうは質問でもあるのかな。そこ、座ろうか」

「あ、はい、失礼します」

座ったはいいものの、なかなか話し出さない。ずうたいは大きいけれどかなり小心なのだ。何かわたしに話があってやってきたんじゃないのと水を向けてみると、「ええ、そうなんですが」と言う。そうはいうもののなかなか用件を切り出さない。性格をわかっているから癪を起こすことなくわたしもじっと待つ。

「あのう、これなんですけれども……」

勇気を奮い起こしてズボンのうしろのポケットから取り出したのは、数枚のサービス券のようなものだった。ピザがただで食えるサービス券五枚ほどだった。聞いてみると、軍隊に行く前からずっと働いているバイト先が有名なピザのチェーン店の一つで、勤務態度優秀ということで店から支給されたチケットのようだった。

「わざわざこれをくれるために来たのかい？」

「ええ。キョースニムにぜひ差し上げたいと思いまして……」

「いやあ、そりゃ悪いね。ありがたくいただいておくよ。ここのピザ屋さんのピザ、ぼくも好きでね。ときどき食べてたよ」

「そうですか。それはよかったです」

やっと安堵の笑みを浮かべてくれた。心の余裕がすこし出てきたとみえて、口がいくぶんスムーズになった。自分の生い立ちや今の環境などについて自分から話すのだった。兄弟はなく幼いころに両親を失い、おじいさんが育ててくれたこと。そのおじいさんも数年前になくなり今は自分一人で暮らしながら大学に通っているといったことなどを話すのだった。ピザ屋のバイトは大学入学のときからはじめ、軍隊に行っていた期間を除いてずっとやってきている。顔にそんなことは全然書かれていなかったけれど、他人(ひと)の十倍もの苦労をしてきていたわけである。食事はきちんと取っているのか。まともに寝ているのか。そんなことが気になった。

「晩ごはんはバイト先で食べるんですけど、その他は家で自分で作って食べてます。慣れてますから」

恥ずかしそうにそう言うのだった。逆三角形にきりっとしまった顔。こぎれいな身なり。家族がなく天涯孤独で生きている学生とはどうしても思えなかったが、彼が嘘を言うはずもなく、すべては事実なのである。

一人でホラー映画を

その時の彼の話で忘れられないことがある。

中間テストも終わり、ちょっと気分転換にということで夜の九時帯の映画を見ようと、一人夜八時五十分ごろ映画館に入った。タイトルはあの有名な恐怖映画「呪怨」だった。ホラー物オタクだったのだ。座席は前から三列目くらいの一番いい場所をとった。観客がだれもいなかったため、どこでも自由に座れるのだった。九時が近づくころ、一人が入ってきたようだったが、座る前に出て行ったようだった。後ろを見て確認したわけではないからはっきりとはわからない。九時になり映画ははじまった。五分ほどするとぺちゃくちゃしゃべりながら入ってくる女の子たちがあった。彼の二、三列ほど後ろのほうに座ったのがその声からわかった。座るや否やビニールの菓子袋をやぶる音がした。女の子二人とサンヒョンの三人しかいない場内いっぱい、そのけたたましい音が響く。映画からもぎゃーっという音。恐ろしいシーンが途切れることなく続く。後ろの女の子らはいつの間にか出て行ったようで、後ろからの声は聞こえなくなっていた。一人その暗い映画館で、いくらオタクとはいえ、恐怖におののきながらも最後まで見て家に帰った。床についてもその夜は一睡もできなかった。

「こんなこと話したら、あたし絶対ダメ。人前に出られなくなるわ」という乙女のような物腰で右のような話をし終えたチェ・サンヒョンは、ひょいと立ちがり、貴重な時間をわざわざ割いていただいたことのわびを言うと研究室を出て行った。

わたしは研究室のソファーに深く腰をうずめ、彼がくれたピザのサービスチケットをじっと見つめながら、彼のあまりにも厳しい境遇と、恐怖におののきながらも夜の九時に冷気流れる映画館で、一人ホラー映画を見て座っている彼のオタク魂のそのアンバランスさにある種の感動を覚えながら、その余韻に浸っていた。

その学期、彼はわたしの授業はすべてエープラス（A＋）だった。そして卒業まで一学期を残すだけとなったとき、突然連絡が取れなくなってしまった。家族のいない学生だったからケータイだけが頼りだった。何日にもわたってあらゆる時間帯に電話してみたが連絡はつかなかった（サンヒョン君よ、この本を手にするようなことがあったら、即、連絡してくれるよう頼む）。

韓国の魅力を多くの方に

韓国語の勉強がひと段落ついたら、二、三年はここでやって日本へ帰ろうかという考えも最初のうちはあったけれど結局二十七年になってしまった。金浦空港に着いたのがきのうのような感じなので、どうしてもこのことが信じられない。誰でもたぶんそうだろうと思う。二十年前、三十年前の出来事がきのうのことのようだという感覚。お年寄りが昔話をするのは、ある意味、当然なのかもしれない。子どもたちがきのうのことを話すような気持ちでしゃべりはじめると、それがつい三十年前、五十年前の話になってしまっているわけだ。

人間(じんかん)到る処青山(せいざん)あり。

幕末の僧、月性（げっしょう）の『清狂遺稿』にあることばだ。人間、故郷だけが死に場所ではない。広い世界のどこへ行っても、自分の信念を貫くべき地はあるのであり、大きく生き大いに活躍するべきだ。そういう意味だとわたしは解釈している。韓国であろうと中国であろうと、はたまたイギリスであろうとロシアであろうと、少しでも人のためになることをしながら生きていけたら、何をか望まんである。

本書が、韓国に関心のある方にはより深い理解を助けてくれるものとして、これから韓国について知ろうという方には、韓国の魅力を少しでもおおく伝えるものとなってくれることを心より願う次第だ。はたまたアンチ韓国の方には、嫌うべき要素はあんまりありませんよということがちょっとでもわかっていただければ、これに増す喜びはない。

最後になってしまったが、出版にあたり花伝社の平田勝社長にあたたかい励ましのことばをたくさんかけていただいた。編集を担当していただいた山口侑紀さんには貴重なアドバイスをたくさんいただいた。スタッフの皆様と合わせて深く感謝の意を述べたいと思います。デザイン・装丁とも筆者の想像をはるかに超えたレベルとなっている。うれしい限りである。

すこし休んでからまたシコシコと書き続けていこうと思う。韓流エッセイ集はまだまだ続きます。書く楽しみをしみじみと味わいつつ、皆さんとまたお会いする日をひそかに期待しながら。

二〇一五年十二月吉日　天安にて

筆者

木口政樹（きぐち・まさき）
イザベラ・バードがアルカディア（理想郷）と呼んだ山形県米沢市出身。1988年渡韓し慶州の女性と結婚。三星人力開発院日本語科教授を経て、白石大学校教授（2002年～現在）。趣味はサッカーボールのリフティング、山行（リンヘン）、クラシックギターなど。『おしょうしな韓国ほのぼの韓流100話』（かんよう出版）など著書、論文多数。文学博士。

p.40 Korea_College_Scholastic_Ability_Test_Day_07 by Republic of Korea available at https://www.flickr.com/photos/koreanet/15753986636 under a Creative Commons Attribution 2.0. Full terms at http://creativecommons.org/licenses/by/2.0.

アンニョン　お隣さん――韓国暮らし27年のつぶやき

2015年12月25日　初版第1刷発行

著者 ―――木口政樹
発行者 ――平田　勝
発行 ―――花伝社
発売 ―――共栄書房
〒101-0065　東京都千代田区西神田2-5-11出版輸送ビル2F
電話　03-3263-3813
FAX　03-3239-8272
E-mail　kadensha@muf.biglobe.ne.jp
URL　http://kadensha.net
振替 ―――00140-6-59661
装幀 ―――生沼伸子
印刷・製本―中央精版印刷株式会社

©2015　木口政樹
本書の内容の一部あるいは全部を無断で複写複製（コピー）することは法律で認められた場合を除き、著作者および出版社の権利の侵害となりますので、その場合にはあらかじめ小社あて許諾を求めてください
ISBN978-4-7634-0764-1 C0095

『冬のソナタ』に見られる「社会」と「個」の相克

—登場人物役割を中心に—

追立祐嗣　著　（本体価格1700円＋税）

●『冬のソナタ』はなぜ、人々の心を摑んだのか？——
『冬のソナタ』は、個人の純愛が社会の障壁を乗り越え、最後に成就する過程が丁寧に描かれたドラマだ。登場人物を役割別に分析し、ドラマを主人公の純愛とそれに相反する社会の力を衝突として描く、本格的な『冬ソナ』論。

K.—消えた娘を追って—

ベルナルド・クシンスキー／小高利根子［訳］

（本体価格1700円＋税）

●ダブリン国際文学賞ノミネート——

ブラジル軍事政権に拉致された娘を探す父親——

カフカ『城』『審判』に匹敵する、現代の不条理

「この本の中のできごとはすべてフィクションですが、ほとんどすべてのことが実際に起こったできごとです」（作者）

インド・アフター・インド

―境界線の往来―

鈴木博子　　（本体価格1500円＋税）

●また明日、インドに行こう――

「ホントに自分でもあきれちゃうほどわたしはインドと、インド人が、大好きみたいだ」

あの頃といま、偶然と必然、当事者と旅人、インドと東京……

いくつもの境界線を探す旅

ベトナムぶらり旅

―イラストで描く庶民の生活―

小坂國男　　（本体価格1500円＋税）

●びっくり人情旅――

活気にあふれ、たくましく生きるベトナム民衆の生活。

友人とふたりで紙芝居を抱えてホーチミンから北へめざしてベトナム縦断一ヶ月。200枚のイラストエッセイ。カラー口絵８ｐつき。